남도답사 1번지
강진문화기행

남도답사 1번지
강진문화기행

김선태 지음

작가

책을 펴내면서

'남도답사 1번지' 강진의 길라잡이

강진은 한반도의 서남부 끄트머리에 자리한 전형적인 남도의 한 시골이다. 그런데 이 한적하고 소박하기 그지없는 시골이 근래에 들어 '남도답사 1번지'로 부상하고 있다. 이는 주지하다시피 한 탁월한 미술사학자의 문화유산답사서에 힘입은 바 크다. 유홍준 교수의 『나의 문화유산 답사기·1』이 그것이다. 아무렇게나 버려진 이 땅의 문화유산에 새로운 숨결을 불어넣은 명저로 손꼽히는 이 책에서 저자는 아름다운 남도 산하의 원형과 역사·문화의 숨결이 고스란히 남아 있는 강진을 '남도답사 1번지'로 명명하는 데 주저하지 않았다. 그래서 강진에는 매년 수십만명의 답사객이 찾아들고, 최근 그 수는 더욱 늘어나는 추세에 있다. 그러나 유 교수의 강진에 대한 글은 부분적인 문화유산에만 제한되어 있어 독자들에게 강진이 왜 남도답사 1번지인가를 소상하게 알려주지 못한 것이 사실이다.

그렇다면 강진은 구체적으로 왜 남도답사 일번지인가? 이 물음에 대한 자세한 해답은 본문을 통해 자연스럽게 밝혀지겠지만 우선 여기에서 두 가지로 간추려 소개한다.

첫째, 풍부한 문화유산이다. 강진은 크기에 비해 유독 문화유산이 많은 곳이다. 그것도 남도를, 아니 우리나라 전체를 대표할 만한 문화유산이 수다하다. 고려청자 도요지, 전라병영성과 하멜 억류지, 다산초당과 영랑 생가, 무위사와 백련사 등이 그것이다. 대구면 사당리 도요지는 한국 예술의 최대 걸작품으로 손꼽히는 고려청자의 성지이다. 병영면에 있는 전라병영성은 조선조 500여 년간 전라도 육군의 총 지휘부이자 우리나라를 서양에 최초로 소개한 하멜 일행이 약 7년 동안 억류생활을 했던 곳이다. 도암면에 있는 다산초당은 이 땅에서 가장 추앙받는 학자요 사상가인 정약용이 500여 권의 명저를 남김으로써 유배문화를 꽃피웠던 곳이며, 강진읍 영랑 생가는 남도의 소월로 불리는 김윤식이 빼어난 서정시를 낳은 현장이다. 그리고 성전면의 무위사는 수월관음도 등 불교벽화의 보고이며, 백련사는 유명한 백련결사운동의 본거지이다.

둘째, 아름다운 자연 풍광이다. 강진의 산하는 산과 수가 서로 조응하며 빼어난 풍광을 연출한다. 호남의 소금강이라 불리는 월출산이 동서로 길게 팔을 뻗어 강진만 깊숙이 남해바다를 불러들인다. 동쪽으로 수인산·부용산·천태산이, 서쪽으로는 만덕산·덕룡산·주작산이 호수처럼 잔잔한 강진만의 수면 위에 제 그림자를 빠뜨리며 유유자적하는 곳, 소박한 마을들이 산기슭이며 바닷가에 포도송이처럼 열려 있는 곳 그리고 부지런하고 순박한 사람들이 평화롭게 살아가는 곳이 강진의 산하다. 따라서 남도 특유의 유장하고도 질펀한 맛과 멋이 넘쳐나는 강진의 산하는 한국인의 원형적 고향이라 할 만하다.

그러나 유감스럽게도 강진은 이러한 소문만을 듣고 찾아오는 이들을 만족시킬 만큼 답사지로서 준비가 충분한 곳은 아니다. 다른 것은 차치하더라도 우선 강진의 문화유산에 관한 정보를 제공받을 만한 책자 한 권이 없는 실정이다. 군청에 들러 자료를 요청하면 홍보용 팸플릿 정도가 고작이요, 『강진군지』마저 품절된 지 이미 오래다. 따라서 답사객들은 유홍준 교수의 책 한 권에 기대어 강진문화답사의 모든 것을 대신하고 있는 셈이다. 이는 '남도답사 일번지'라는 명성에 걸맞지 않을 뿐더러 참으로 안타까운 일이 아닐 수 없다. 필자가 이 책을 쓰게 된 첫 번째 동기가 바로 여기에 있다.

  다음으로 고향에 대한 애착이 이 책을 쓰게 했음을 고백한다. 필자의 고향은 다름 아닌 강진이다. 어린 시절 그토록 벗어나고 싶었던 고향이 객지에서 살고 있는 지금은 반대로 가장 찾아가고 싶은 곳이 되었다. 필자는 모든 것의 출발은 고향에서부터라고 생각하는 사람이다. 모름지기 자기가 태어난 고향 하나를 제대로 모르고서야 어찌 다른 것을 안다고 할 수 있겠는가. 그래서 이러한 생각을 실제 행동으로 하나씩 연결시키며 살고 있다. 우선 대학원을 다니면서 석사학위 논문을 김영랑의 시에 관해 썼고, 박사학위 논문은 우리 현대시사에서 그 이름이 지워진 김현구 시인을 발굴·재조명하는 것으로 대신했다. 일부러 『모란촌』이라는 강진의 문학동인회에도 가입했다. 부지런히 고향 사람들을 만나 사귀고, 나이 먹으면 돌아가 살고 싶은 장소까지 은밀히 물색해 두었다. 그럼에도 불구하고 고향에 대해 모르는 것이 태반이어서 늘 부끄럽기는 마찬가지였다. 그래서 틈만 나면 고향의 산하 곳곳을 샅샅이 뒤지는 일이 습관처럼 되었다. 이 과정에서 자연스럽게 싹튼 것이 강진문화답사기를 필자의 손으로 직접 써보자는 생각이었다. 그러니까 이 책은 필자의 '고향 바로 알기' 차원에서 비롯됐다고 할 수 있다. 그리하여 필자는 지난 일년 동안을 고향을 답사하는 데 보냈다. 강진의 산하에서 푹 썩었다. 강진땅에서 만난 돌멩이 하나 풀 한 포기에도 정이 들었다. 이제야 비로소 강진을 조금 알 것 같다.

끝으로 고향에 대한 마음의 빚을 덜 수 있도록 배려해준 강진문화원에 감사드린다. 그리고 답사 현장에서 만난 많은 사람들과 관련 사진 제공에 협조를 아끼지 않은 강진군 문화관광과 직원들 그리고 강진의 산하를 카메라에 담느라 애쓴 사진작가 정민용 군에게도 고마움을 전한다. 부디 이 책이 답사객들에게 '남도답사 1번지' 강진의 문화유산과 자연풍광을 넓고 깊게 이해할 수 있는 좋은 지침서가 될 수 있기를 바라마지 않는다.

강진의 산하 곳곳이 눈에 선하다.

컬러 개정판 『강진문화기행』을 펴내면서

『강진문화답사기』(2000, 시와사람사)를 펴낸 지 6년만에 제목과 내용 그리고 사진의 상당 부분을 수정·보완한 컬러 개정판을 세상에 내놓는다. 기존의 책이 여러 가지로 부족한 점이 많았음에도 불구하고 그 동안 독자제위로부터 과분한 사랑을 받았던 게 사실이다. 특히 뜨거운 관심과 성원을 보내준 강진군민들께 감사의 큰절 올린다.

그러나 필자의 의도와는 달리 지나치게 세세한 부분까지를 다룬 점과 전문성이 가미되어 다소 딱딱하다는 지적도 많았음을 밝힌다. 따라서 이번 책에서는 곁가지들을 대폭 잘라내어 중요 문화재를 중심으로 재편하는 한편 그 동안 달라진 내용을 추가하는 데 주력했다.

앞으로도 필자는 남도에 발붙이고 사는 한 사람으로서 나를 낳아주고 길러준 산하에 대한 고마움과 애정의 표시로 이와 같은 작업을 계속할 것을 독자들에게 밝힌다. 그리고 이 책이 내 고향 강진을 찾는 사람들에게 미진하나마 좋은 길잡이가 되기를 다시 한번 바라마지 않는다.

끝으로, 기존의 책을 수정·보완해야 할 필요성을 느끼고 있던 차에 개정판을 내도록 지원해주신 황주홍 군수님과 사진자료 등을 제공해준 문화관광과 직원 여러분, 그리고 어려운 여건 속에서도 좋은 책을 내주신 작가출판사 손정순 사장님께 감사의 말씀 올린다.

2006년 2월

김선태

차 례

책을 펴내면서_ '남도답사 1번지' 강진의 길라잡이 · 4
컬러 개정판 『강진문화기행』을 펴내면서 · 8
일러두기 · 12

제1부 도강권 문화기행

강진의 관문 월출산 · 16
영암 월출산인가, 강진 월출산인가 · 17
월출산의 두 얼굴과 '月'자 마을들 · 19
누릿재와 풀치 · 21
월남사터의 흔적들 · 22
월남사 3층석탑과 석비 · 24
안온한 동네 월남 · 27
    무위사 가는 두 갈래 길 · 29
    마을과 이웃한 무위사 · 31
    무위사의 어제와 오늘 · 32
    국보급 벽화의 보고 · 33
    선각대사 편광탑비와 3층석탑 · 38
    천불전 요사에서의 추억 · 39
보름달과 월하마을 · 41
임진왜란의 명장 김억추 · 42
호남 제일의 군사도시 병영 · 43
난공불락의 요새 · 46
병영상인과 병영상권 · 48
병영성의 흥망성쇠 · 51
병영성의 규모와 현재 · 56

병영성의 복원과 미래 · 58
하멜 억류생활터와 은행나무 · 59
최초 한국보고서 『하멜표류기』 · 60
하멜 일행이 끼친 영향 · 63
빗살무늬 돌담과 한골목 · 66
조산과 관노 조산거리 · 69

제2부 탐진권 문화기행

일망대와 남장대 · 70
병영의 명물 홍교 · 71
도난당한 벅수 한 쌍 · 73
계심이 논과 계심이 샘 · 74
강진의 명문장 해암 김응정 · 75
병영의 명산 수인산 · 78
수인산 정상에서 · 79
수인사와 수인산성 · 82
설성식당의 돼지 숯불구이 · 83
강진의 산간 오지 옴천 · 84
눈물의 고개 귀활재 · 87
옴천 토하젓과 맥우 · 89

탐진의 옛터 강진읍성 · 92
영랑 동상과 다산 동상 · 94
영랑의 시와 영랑 생가 · 97
영랑의 인간적 풍모 · 103
불운의 시인 김현구 · 108
영랑과 현구의 숙명적 관계 · 111
현구의 생가와 분가 · 115
다산과 동문 밖 사의재 · 117
고성암과 고암모종 · 121
우두봉과 다산의 눈물 · 124
강진문화계의 현주소 · 126
강진의 음식문화 · 131
명동식당 · 134
청자골 종가집 · 137
목리포구 장어구이집 · 139

금곡사 석문과 3층 석탑 · 141
땅뺏기놀이와 탈선놀이 · 143
귤동마을과 갈대밭 · 145
다산학의 산실 다산초당 · 147
천일각에서 바라본 탐진만 · 151
해남 윤씨 일가와 다산 · 152
죄인인가, 은자인가 · 154
강진과 다산의 고발문학 · 158
백련사 가는 오솔길 · 160

혜장 선사와 다산 · 164
백련사 동백숲 · 166
8대 국사와 8대사 배출의 도량 · 169
백련사의 변천 · 171
백련결사운동의 본거지 · 173
강진의 소금강 석문산 · 175
덕룡산과 용혈암 · 176
주작산과 8명당 · 179
대지의 소리 강진 들노래 · 180
칠량 · 칠양 · 칠향 · 181
도라배기재 · 182
삼흥리 도요지 · 184
중흥마을 벅수 4기 · 185
봉황마을 전통옹기 · 187
칠량옹기의 성쇠 · 189
봉황 바지락과 죽도 · 190
환상의 해변도로와 일몰 · 193
강진문화의 꽃 고려청자 · 196

강진청자의 발달 배경 · 198
지천에 널린 도요지 188곳 · 202
강진청자의 재현 · 205
청자자료박물관과 도예문화원 · 206
청자 만들기의 과정 · 208
정수사 가는 길 · 211
무명 도공들과 정수사 · 214
서남해안의 관문 마량 · 215
마도진과 마도성 · 217
희귀식물의 보고 까막섬 · 218
천혜의 미항 마량포구 · 220
바다낚시의 천국 · 221
싱싱한 자연산 생선회 맛 · 222

제3부 강진, 강진의 산하

도강과 탐진이 합쳐진 강진 · 226
와우형국의 산과 요니의 바다 · 229
해양성 기후와 기름진 땅 · 241
순박하되 정의로운 사람들 · 247

* 도움 받은 자료와 책 · 250

■ 일러두기

- 이 책은 청자골 강진의 역사·지리·풍수·유적·문학·민속·전설 등을 총망라한 종합 문화답사서로서의 성격을 지닌다. 그리고 단순한 문화 유적 안내서가 아니라 현장 체험 위주에다 전문적인 시각을 곁들인 기행 산문집에 가깝다. 특히 딱딱한 인상을 주지 않기 위해 현장 답사를 하면서 느낀 필자의 개인적 감회를 풀어놓음으로써 독자들에게 정감을 줄 수 있는 글이 되도록 노력했다.

- 비공식 국내 군 단위 최초의 문화기행서로 기록될 이 책은 기존 책의 순서를 바꿔 제1부 도강권 문화기행, 제2부 탐진권 문화기행, 제3부 강진, 강진의 산하로 나누어 엮었다. 제1·2부는 문화기행편, 제3부는 개관편에 해당한다. 답사 권역을 도강권(성전면·작천면·병영면·옴천면)과 탐진권(강진읍·군동면·도암면·신전면·칠량면·대구면·마량면)으로 크게 2분한 것은 편의상 그렇게 한 것이 아니라 과거의 도강현권과 탐진현권을 서로 분리·답사할 필요성에 근거하고 있다. 이 두 권역은 행정적으로나 지리적으로 서로 달랐을 뿐만 아니라 역사·문화적 성격도 차이가 있다고 판단했기 때문이다. 강진의 북부 산간 내륙에 속한 도강권이 주로 성전 월출산 일대의 불교문화와 병영 일대의 군사문화적 성격이 강하다면, 강진의 서남부 바닷가에 자리한 탐진권은 대구·칠량의 도자기문화와 도암의 유배문화적 성격이 짙은 것이 그것이다.

- 이 책은 주로 현장을 답사한 내용과 그에 따른 사진으로 이루어져 있다. 또한 책을 기술하는 데 있어 현지 사정에 밝은 주민들의 각종 제보와 『강진 마을사』 등 100여 권의 관련 문헌을 참고하였다. 그리고 본문 안에 인용한 글들은 가급적 원문의 표기를 따랐음을 밝힌다.

강진문화기행 안내도

I

도강권道康圈 문화기행

도강권 문화 개관

강진의 북부 내륙에 속하는 도강권(성전·작천·병영·옴천면)은 백제시대에 도무군, 통일신라시대에 양무군, 고려시대에 도강군, 그리고 조선시대에는 도강현에 속했던 지역이다. 그러니까 조선시대에 들어 1417년(태종 17) 도강현과 탐진현이 강진현으로 통합된 뒤 1475년(성종 6)에 이르러 그 치소를 지금의 강진읍으로 옮기기 전까지 이 지역은 강진의 중심권에 속했다. 따라서 이 권역은 강진에서 가장 유서가 깊은 곳일 뿐만 아니라 무위사와 전라병영성을 비롯한 각종 문화유산이 흩어져 있는 곳이다. 또한 성전면을 거쳐 강진읍에 이르는 중심 도로도 지금과는 달리 풀치-작천면 소재지-까치내재-강진읍에 이르거나, 풀치-작천면 척동-성뫼산-병영면 중고리-화방산-군동 석교에 이르는 길이었음이 각종 자료를 통해 증명되고 있다. 그러나 문화유산이 유실·파괴되고 주요 도로망도 바뀌게 되자 성전의 월출산 불교 유적지를 제외한 나머지 지역은 관광이나 답사권역에서 소외된 한적한 옛 도읍지로 전락했다. 그러나 아직 곳곳에 문화유산의 흔적이 남아 있을 뿐만 아니라 그 복원사업 등이 점진적으로 진행되고 있는 만큼 앞으로 이 권역은 강진문화기행의 중심으로 편입될 것이라 믿는다.

강진의 관문 월출산

강진으로 통하는 길은 동서남북으로 두루 열려 있다. 그래서 강진은 사통팔달의 요지로 불린다. 동쪽은 탐진강을 두고 장흥군과 통하고, 서쪽은 성전면의 밤재를 넘어 목포시와 통하며, 남쪽은 마량포구 앞바다에서 완도군과 통한다. 그리고 북쪽은 바로 월출산의 풀치와 누릿재를 관문으로 영암, 광주, 서울 방면으로 통한다. 그러므로 월출산은 강진으로 통하는 가장 중요한 관문인 셈이다.

강진의 답사는 월출산에서 시작된다. 광주에서 차를 타고 내려오다 보면 영암 부근에 이르러 평평한 들판에 느닷없이 솟구친 돌산이 앞을 가로막는데, 바로 이 산이 옛날엔 오지이자 유배지였던 강진으로 통하는 관문이자 '호남의 소금강' 이라 불리는 명산 월출산이다.

월출산은 이렇듯 도대체 있을 법하지 않은 장소에서 복병처럼 불쑥 나타나는 기골이 장대한 산이다. 그래서 처음 보는 사람들의 시선을 단연 압도할 뿐더러 신비감까지 선사한다. 남도의 산들이 대부분 야트막하고 두리뭉실해서 그 능선이 판소리의 서편제 가락처럼 유장한 반면, 월출산은 서양의 교향악처럼 빠르고 박력 있으며 상하로 굴곡이 심하게 굽이친다. 따라서 보통 남도의 산들이 여성적이고 서민적이라면, 월출산은 남성적이고 귀족적인 풍모에 가깝다.

또한 월출산은 바라보는 이에게 여러 가지 느낌을 준다. 숱한 비바람에 살점을 다 뜯기고 뼈만 남아 형형한 이 골산(骨山)을 보고 있노라면 고해의 형산 같기도 하고, 어쩌면 자존심으로 똘똘 뭉친 고집불통의 사내 같기도 하며, 또 어쩌면 쫓겨 내려오던 한반도의 기세가 더 이상은 밀릴 수 없다는 듯 깡깡하게 버티는 남녘 최후의 보루 같기도 하다. 안개가 첩첩 산봉우리들을 감싸고 있을 때면 하늘의 신선이란 신선들이 모두 재림하여 속된 세상을 굽어보며 혀를 끌끌 차고 있는 듯 성스럽기조차 하다.

영암 월출산인가, 강진 월출산인가

그런데 흥미로운 것은 영암 월출산인가, 강진 월출산인가를 두고 양쪽 고을 사람들 사이에 이견이 분분하다는 점이다. 알다시피 영암군과 강진군에 걸쳐 있는 월출산은 두 군의 경계이다. 군계(郡界)가 이 산의 중심을 가르며 지나간다.

흔히들 사람들은 '영암 월출산'이라고 부르는데 익숙해져 있고 또 그렇게 부르기를 주저하지 않는다. 하지만 강진 사람들은 '강진 월출산'이라고 부른다. 그도 그럴 것이 이 산의 북쪽은 영암, 남쪽은 강진의 관할 지역에 속하기 때문이다. 또한 강진 사람들은 '영암 월출산'이라고 알려진 것이 「영암 아리랑」등을 부른 영암 출신 가수 하춘화의 노래 때문이라고도 한다.

그러나 이름만으로 본다면 월출산은 영암의 산에 가깝다. 월출산(月出山)이라는 이름부터가 '달이 뜨는 산'이라는 뜻을 담고 있기 때문이다. 월출산을 배경으로 달이 뜨는 모습을 바라볼 수 있는 쪽은 영암이다. 그리고 영암(靈巖)이라는 고을 이름도 '신령스러운 바위'를 뜻하므로 이는 곧

■ **월출산 남쪽(강진 쪽)** 산세가 완만하고 사납지 않아 기슭에 절간과 마을이 즐비하다.

월출산을 가리키고 있음에 틀림없다. 그리고 조선시대 이전까지는 월출산 남녘 월하리와 월남리가 영암군에 속해 있었다. 따라서 공식적인 호칭은 '영암 월출산'이라고 해야 옳다. 그러나 조선시대에 들어오면서부터는 두 군이 공유하고 있는 산이니만큼 한 쪽에서 독점하려 할 것이 아니라 서로 자기네 산처럼 아끼고 사랑하는 마음을 갖는 것이 바람직할 것 같다.

■ **월출산 북쪽(영암 쪽)** 산세가 가파르고 사나워 차갑고 무인적인 인상을 풍긴다.

월출산의 두 얼굴과 '月'자 마을들

그런데 우리가 잘 모르고 있는 사실이 하나 있다. 그것은 선입감과는 달리 월출산의 방향은 강진 쪽이 앞쪽이요, 영암 쪽이 뒤쪽이라는 점이다. 말하자면 이 산은 영암을 등지고 있는 반면, 강진을 품에 안고 있는 형국이다. 따라서 영암 쪽에서 바라보느냐 아니면 강진 쪽에서 바라보느냐에 따라 그 이미지가 극명하게 달라진다.

영암 쪽의 산세가 가파르고 여유가 없는 반면, 강진 쪽은 완만한 경사를 이루면서 내려오다 들과 만난다. 그리고 서북풍을 등으로 막느라 영암

쪽의 인상이 차갑고 을씨년스럽다면, 남해로부터 올라오는 해풍이 내내 머무는 강진 쪽은 밝고 따스하다. 영암 쪽이 강하고 남성적이라면, 강진 쪽은 비교적 부드럽고 여성적이다. 그래서 비록 영암 서쪽에 도갑사가 있긴 하지만 예로부터 월남사를 비롯한 대부분의 절간들이 강진 쪽에 자리했거나 지금도 자리하고 있다.

절간들뿐만 아니라 이 산과 이웃하는 마을들의 이름을 보라. 월하, 월남, 상월, 월송, 송월, 대월, 월평, 월산, 달뫼 등 '月' 자를 안고 있는 마을들이 지천으로 널려 있다. 이 마을들은 모두가 강진 쪽 산자락에 둥지를 틀고 있다. 물론 영암 쪽에도 없는 것이 아니나 월곡, 월산, 월암, 월악 등이 그 전부다. 게다가 이들은 북쪽이 아닌 서쪽에 있는 마을들이다. '月' 자를 단 마을들이 많은 쪽이 월출산과 더 가깝다고는 볼 수 없지만, 사람 사는 냄새가 상대적으로 더 진하다고는 말할 수 있다. 달리 말해 월출산이 영암에서는 군의 상징으로 자리하고 있다면, 강진에서는 삶과 문화의 터전으로서 성격이 더 강하다.

이렇듯 월출산은 빼어난 자태를 지닌 영산이면서도 그 품안에 절간과 마을들을 여럿 기르는 인간적인 산이다. 특히 어찌하여 '月' 자를 붙인 마을들이 이렇게도 많을까 생각되거든 직접 달밤에 이 마을들을 찾아가 보라. 그것도 휘영청 보름달이 걸린 가을밤에 월하리나 월남리 같은 마을로 가서 하룻밤을 묵어 보라. 그러면 마치 황동거울 같은 보름달이 옴팡한 월출산의 산자락 마을들을 비추며 휘황하게 웃고 있을 것이다. 그때 우리는 기억 속에 잊혀진 아득한 신화의 산골짝을 다시 보게 될 것이다. 그리고 따스한 달빛에 덮여 잠든 마을의 지붕들을 보라. 아니 사람들의 숨결을 들어 보라. 그래야만 이 '月' 자가 월출산 기슭에 사는 사람들에게 얼마만한 흡인력을 지니는가를 비로소 이해하게 될 것이다.

누릿재와 풀치

누릿재(黃峙)와 풀치(草峙)는 영암에서 강진으로 통하는 월출산의 관문이다. 이 두 고개는 영암과 강진을 갈라놓는 경계선이기도 하다. 누릿재는 풀치에서 약 500m 떨어진 거리에 있는 고개이다. 지금이야 산 아래 쪽으로 풀치터널이 뚫려 고개 자체가 유명무실해졌지만, 옛날 강진, 해남, 장흥, 완도 사람들은 광주와 서울로 가기 위해선 험하기 짝이 없는 누릿재를 반드시 넘어야 했다고 한다. 강진신문에서 연재한 바 있는 군계 탐사 관련 기사에 따르면, 70년대 초반까지만 해도 장사꾼들과 소장수들이 이 재를 넘어 영암장을 보러 다녔다고 한다. 그도 그럴 것이 지금의 풀치를 통해 영암읍으로 가기 위해서는 월출산 자락을 우회하여 영암 청풍 삼거리를 거치지만 누릿재를 이용하면 영암읍 개신리로 곧바로 들어설 수 있는 지름길이었기 때문이다.

나이 지긋한 강진 사람들에게 물어보면, 옛날 이 고개는 도둑떼가 들끓어 약탈을 일삼는지라 소를 팔고 오던 소장수들이 가장 무서워했다고 한다. 가난하고 배고픈 시절에야 어느 고개인들 안 그랬을까만 특히 이 누릿재는 강진 부근의 사람들에겐 악명 높은 고개로 기억되고 있다. 또한 지금은 숲이 베어져 누런 황토를 드러내 보이는 이 고갯마루가 수많은 사람들이 눈물로 헤어지는 자리였다고 하니, 과거 이 지역 사람들의 땀과 한숨과 눈물이 짙게 서려 있는 애환의 고개라 할만 하다.

다산 정약용 선생도 강진으로 유배오면서 '누리령(樓犁嶺)'을 넘었다. 당시 목포와 해남 쪽으로 갈라지던 삼거리 주막거리였다는 나주의 율정점(栗亭店, 나주읍에서 북쪽으로 5리 지점에 있던 밤나무 정자거리)에서 역시 흑산도로 유배를 떠나는 형 손암 정약전과 눈물로 헤어진 다산은 영암에 이르러 월출산 누리령(토속어의 한자 발음)을 넘는다. 이 고개를 눈물로 넘으며 망향심을 달랬던 시가 「탐진촌요 · 1」이다.

누리령의 산봉우리 바위가 우뚝우뚝
나그네 뿌린 눈물로 언제나 젖어 있네.

월남리로 고개 돌려 월출산을 보지 말게
봉우리마다 어쩌면 그리도 도봉산 같아.

월남사터의 흔적들

풀치터널을 통과하여 조금만 내려가다 보면 왼쪽 월남저수지 맞은편에 마을이 하나 나타난다. 이 마을이 성전면 월남리이다. 신라 문무왕 때 생긴 이 마을은 월출산의 남쪽 기슭에 자리하고 있다. 월남사터와 3층석탑이 있는 유서 깊은 곳으로 강진의 문화유적을 답사할 때 맨 먼저 들르는 곳이다. 또한 아래쪽으로 경포대(鏡浦臺)를 끼고 있는 이 마을은 월출산의 최고봉인 천황봉으로 오르는 남쪽 등반 코스 입구로 유명할 뿐더러 월출 계곡과 학생야영장이 들어서 있어 연중 수많은 인파로 붐빈다.

월남사터는 저수지 맞은편 새로 뚫린 도로로 우회하여 약 300m쯤 올라가다 대나무숲이 우거진 오른쪽 샛길로 조금만 들어가면 있다. 그러나 막상 도착하여 주위를 둘러보면 돌담으로 둘러싸인 아담한 민가 몇 채와 밭이 보일 뿐 이곳이 고려시대의 거대한 절터였다는 사실이 믿기지 않는다.

그러나 『강진군 마을사―성전면 편』(1990)을 보면, 이 일대가 인근 무위사보다 큰 절터였음을 입증하는 흔적들이 아직 남아 있음을 알 수 있다. 먼저 석탑 주변에 외곽 담장의 흔적이 역력한데, 그 전면의 길이가 158m, 측면의 길이는 182m로서 총면적은 약 1만여 평에 달하고 있다. 외곽 담장은 전면으로 일부 도로가 관통하면서 원형이 파괴되었으나 도로 양편에 담장을 두른 잔재가 있고, 좌측은 모두 밭으로 바뀌었으나 석축의 흔적이 남아 있다. 우측은 현재 대밭으로 변했으나 흙으로 쌓은 담장이 남아 있으며, 후면 또한 논과 밭으로 그 형질이 변경되었으나 돌과 흙으로 쌓은 밑 부분이 아직 남아 있다. 외곽 담장 안으로는 6~7세대의 민가가 들어서 있는데, 이들 민가의 주춧돌이나 기단석은 모두 월남사의 탑재(塔材)나 원래 절간의 기단으로 사용되었던 기단석을 그대로 헐어 쓴 것으로 여겨진다. 특히 832번지 임종언씨가 살고 있는 민가는 그 기단석이 전혀 손상을 입지 않고 원형 그대로 남아 있어 주목된다. 또 633번지에 살았던 이병림씨(작고)의 증언에 따르면 약 80여 년 전까지만 해도 월남사터에는 현 석탑 1기 이외에 또 하나의 석탑이 있었으며, 무위사 스님 30여 명이 1년에 한 번씩 석탑에 비단을 두르고 주위를 돌면서 불공을 드렸다고 한다. 이 석탑의 위치는 855번지 신지산씨 집 앞마당으로 추정되는데, 이 집 좌측 기단석 장대석을 탑 기단부의 일부로 보고 있다.

월남사 3층석탑과 석비

　보물 제298호로 지정된 월남사 3층석탑은 고려시대 때 세운 것으로 탑신이 늘씬하고 우아한 풍모를 지니고 있다. 유홍준 교수에 따르면, 지붕의 덮개가 계단식으로 되어 있어 모전석탑(模塼石塔)이라 부르지만 그렇다고 벽돌(塼) 모양은 아니므로 이 명칭은 잘못된 것이라고 한다. 그러므로 정확한 명칭은 '월남사 3층석탑'인 셈이다. 이 석탑의 특징은 고려시대에 세워졌음에도 좁은 기단과 배흘림이 보인 탑신, 옥개받침에서 드러나는 형식 등으로 보아 부여의 정림사지 5층석탑을 모방한 백제시대 양식에 가깝다는 점이다. 삼국시대의 백제지역에 해당했던 이 지역의 특성이 그대로 살아 있다. 이는 고려가 백제를 멸한 후에도 도강현에 속했던 이 지역은 백제의 문화 양식이 잔존하고 있었다는 증거일 수도 있어서 흥미롭다.
　이 3층석탑에는 석공과 그의 아내의 애틋한 사랑 이야기 한 토막이 전하고 있다. 일종의 망부석(望夫石) 모티프에 해당하는 이 전설은 불국사 석가탑의 아사달·아사녀의 그것과 흡사하다.
　옛날 이 3층석탑을 만든 석공에게 젊고 아리따운 아내가 있었다. 석공

■ 월남사지 3층석탑 탑신이 늘씬하고 우아한 풍모를 지닌 이 탑은 고려시대에 세웠지만 백제 시대 양식에 가깝다.

은 아내에게 탑을 완성할 때까지 절대 찾아오지 말라고 당부하고 집을 떠나왔다. 그러나 어느 날 아내는 너무 오랫동안 집을 비운 남편이 견딜 수 없이 보고 싶어 몰래 월남사를 찾아갔다. 아내는 먼발치에 숨어서 탑을 만드는 일에 열중하고 있는 남편을 훔쳐보았다. 그리고는 아쉬운 마음으로 그냥 돌아서려고 하는데 발걸음이 떨어지지 않아 그만 남편을 부르고 말았다. 그러나 사랑하는 아내의 목소리를 들은 석공이 머리를 돌리는 순간, 갑자기 벼락이 치더니 완성 직전에 있던 석탑은 산산조각이 나고 아내는 돌로 변해버렸다. 돌이 되어버린 아내를 어루만지며 슬피 울던 석공은 처음부터 일을 다시 시작했다. 그러나 아무리 인근을 뒤져도 마땅한 석재가 없었다. 그래서 고심 끝에 아내의 화신인 돌을 쪼아 지금의 석탑을 완성했다는 이야기다.

3층석탑 가까이에 있는 석비(보물 제313호)는 월남사를 창건한 진각국사 혜심(1178~1234)의 비로 알려져 있다. 이 석비는 돌거북의 형상에서 용맹무쌍하고 웅건한 힘이 느껴지는 것으로 보아 고려 초기의 것으로 추정되고 있다. 이 석비의 총길이는 3.58m, 비석만의 길이는 2.6m, 폭은 2.3m로서 용머리를 한 거대한 돌거북이 대리석을 깎아 세운 비석을 이고 있는 형상이다. 비석은 오랜 풍우에 시달려 위쪽은 깨지고 아래쪽만 있는데, 그 비문이 마모되어 알아볼 수가 없을 정도이다. 다만 이규보가 지은 비문의 음기(陰記) 부분을 보면 고려 제6대왕 성종 때의 실력자들인 최이(崔怡)·최원(崔沅) 등의 이름이 들어 있는 것으로 보아 이 절이 최씨의 무신정권과 관련이 깊은 것으로 보고 있으며, 3층석탑이 세워지던 당시는 강진의 고려청자가 최고의 수준에 도달한 시기이기도 했다고 한다.

■ **월남마을 전경** 월남사터 부근에 있는 이 마을은 안온하고 소박하기 그지없다.

안온한 동네 월남

월남사터에서 안쪽으로 더 들어가 개울을 건너면 아름다운 동네가 또 하나 있다. 줄잡아 30여 가구가 사이좋게 어깨를 포갠 안온한 동네다. 보통사람들의 허리밖에 안 차는 야트막한 돌담들이 골목을 이리저리 돌아 나가고, 그 돌담에는 집집마다 한두 그루씩 늙은 감나무가 기대어 서 있다. 늦가을이면 이 감나무들이 빨갛게 주렁주렁 불을 켜드는데, 그 광경을 보고 있으면 그렇게 마음이 따뜻해질 수가 없다. 마을 앞길에는 수백

■ 무위사 가는 길 강진에서 가장 편안한 절간으로 통하는 무위사 가는 길은 소박하고 인간적인 냄새가 물씬 풍긴다.

년 수령의 은행나무들이 줄지어 서서 여름이면 시원한 그늘을 드리운다. 가을달밤이면 실컷 달구경이나 하며 하룻밤을 아무도 모르게 묵어가고 싶은 곳이다. 그리고 이 마을에는 토종닭 요리나 토끼탕을 잘 하는 토담집까지 몇 채가 있는데 그 맛이 또한 특별하다.

이처럼 월남마을은 아름답다. 처음 와 본 사람은 월출산 기슭에 이렇게 아름다운 마을이 숨겨져 있는 걸 보고 놀라게 된다. 월출산을 잘 아는 사람들은 이곳에서 올려다보는 산 풍경을 최고로 꼽는다. 백발이 성성한 월출산의 바위들이 이마를 번뜩이며 마을을 내려다본다. 비가 많이 오는 장마철에는 7단으로 떨어지는 칠선폭포가 월출산 계곡에 하얗게 걸린다. 그

■ **월출산 횡단도로** 광활한 차밭(강진다원)을 가로지르며 무위사까지 이어지는 이 도로는 산책과 드라이브 코스로 그만이다.

러니까 지금은 사라진 월남사는 자연과 인간이 가장 잘 조응하는 위치에 있었던 셈이다.

무위사 가는 두 갈래 길

월남사터가 있는 경포대에서 무위사로 향하는 길은 두 갈래가 있다. 하나는 이전부터 다니던 길이고, 또 하나는 최근에 놓인 지름길이다. 옛길은 월남사터를 빠져나와 도로를 타고 강진 쪽으로 3km쯤 가다 보면 무위사 안내 간판이 나오는데, 거기에서 다시 우회전하여 월출산 쪽으로 3km쯤 들어가면 무위사가 나온다. 새 길은 월남사터에서 월출산 기슭으로 놓인 차밭 도로를 타고 1km쯤 가면 곧장 무위사로 이어진다.

그러나 무위사로 통하는 이 두 갈래 길은 그 맛과 정취가 서로 달라서 어느 하나만을 택하라고 말할 수 없다. 그래서 필자는 두 갈래 길을 다 가보라고 권하고 싶다. 옛길은 절간으로 들어가는 길목이 더할 수 없이 한적하고 평화롭다. 마치 깊고 아늑한 어머니의 자궁 속으로 소풍가는 듯한 길이다. 아지랑이 가물거리는 봄날 그 길을 따라 싸목싸목 걸어들어가 보라. 그리고 길섶이나 논두렁에 지천으로 피어나는 들꽃들을 하나하나 만나 보라. 그것들은 어린 시절 아득한 기억의 들판을 되돌려줄 것이다.

새로 놓인 길은 월출산 기슭을 타고 넘는 길이다. 비록 자연을 훼손한 길이긴 하지만 최대한 지형의 생김새를 그대로 살려 만든 길이다. 특히 이 길은 다른 위치에선 도저히 한 눈에 볼 수 없는 월출산 남녘의 빼어난 풍광을 낱낱이 보여준다. 그리고 길 아래로 융단을 깔아놓은 듯 싱그러운 녹차밭이 펼쳐져 있어 산책이나 드라이브 코스로도 제격이다. 봄날에는 주변에 진동하는 고혹스런 밤꽃 냄새 때문에 사랑하는 사람과 함께 산보하면 위험하리만치 황홀한 길이다. 이 길을 따라 약 20분쯤 걸어가노라면 꿈결처럼 무위사에 닿는다.

마을과 이웃한 무위사

 성전면 월하리 죽전마을에 자리한 무위사(無爲寺)는 대한불교 조계종 제22교구 본사인 해남 대둔사(대흥사)의 말사(末寺)로서 이웃 월남사와 함께 우리나라의 유서 깊은 선종 사찰이다.
 무위사는 세상 어느 절간보다도 마음 편하게 방문객을 맞는다. 논밭과 마을을 끼고 들어오는 길목부터가 절간에 간다는 엄숙한 선입감을 주지 않는다. 대개 다른 절들이 속세와는 멀찍하게 거리를 둔 깊은 산중에 있지만 무위사는 그러한 통과의례 같은 것이 없이 곧바로 절간에 닿는다. 절간과 마을이 이웃하고 있다. 에워싸고 있는 산도 높지가 않고 펑퍼짐하다. 물론 북쪽으로 월출산이 보이지만 실제 이 절간을 감싸고 있는 산은 야트막한 뒷동산에 가깝다. 경내에 들어서도 절간의 구조물들이 화려하거나 거만하지가 않아 중생을 압도하지 않는다. 게다가 봄날이면 알을 품는지 절간 가까이서 꿩이 우는 소리까지 들린다. 아마 이러한 분위기가 사람들의 마음을 따스하게 사로잡아 자주 무위사를 찾도록 하는지도 모른다.
 이렇듯 무위사는 봄날에 찾아가야 가장 어울리는 곳이다. 그래서 필자는 마음이 춥고 스산할 때마다 자주 무위사를 찾는다. 그리고는 이내 따스한 위안을 얻어 돌아오곤 한다. 무위사는 마음의 안식처이다.

■ 무위사 마을과 이웃한 무위사는 벽화의 보고로 유명하다.

무위사의 어제와 오늘

무위사는 신라 진평왕 39년(617) 원효 스님이 관음사(觀音寺)라는 이름으로 창건했다고 한다. 무위사 사적에 따른 이 기록은 그러나 사료로서의 신빙성에 많은 문제점이 있어 그대로 믿고 따르기 어려울 뿐더러 원효(617~686)의 활동 연대와도 맞지 않는다. 또한 이 절은 신라가 삼국을 통일한 후 헌강왕 1년(875)에 도선 국사가 두 번째로 창건하여 갈옥사(葛屋寺)라 했으며, 효공왕 9년(905) 이후에는 선각 국사 형미(逈微, 864~917)가 고려 태조 왕건의 요청으로 무위갑사(無爲岬寺)에 머물면서 절을 중수하고 널리 교화를 폈다고 되어 있다. 이로 볼 때 무위사는 형미 스님이 주지로 있던 10세기 초 이전에 '무위갑사'라는 절로 창건되었음이 분명하다고 하겠다.

　무위사는 임진왜란과 병자호란을 거치면서도 그리 피해를 입지 않아 그 웅장함과 화려함이 전라남도에서 으뜸이었으나 이후 점차 법당과 요사가 훼손되어 몇 개의 전각만 남게 되었다고 한다. 1678년(숙종 4년)에는 극락보전 앞마당에 있는 당간지주가 제작되었고, 1739년(영조 15년)에는 해초(海超) 스님의 공덕으로 전각이 보수되었다.

　일제강점기인 1934년 무위사는 조선총독부에 의해 극락보전이 국보 제131호로 지정되었고, 1956년에는 극락보전을 보수하고 보존각을 세워 그 안에 벽화를 봉안했다. 1975년에는 당시 주지 손도륜(孫道輪) 스님의 노력으로 봉향각·해탈문·약사전·명부전·천불전 등을 다시 지었고, 1991년에는 산신각, 1995년에는 기존 동쪽 요사를 늘려 지었으며, 최근엔 절간 전반을 개보수하고 벽화전시관이 건립되어 오늘에 이르고 있다.

국보급 벽화의 보고

　무위사는 품속에 무진장한 보물들을 간직한 절간으로 유명하다. 먼저 무위사 경내로 막 들어서면 의젓하고 시원스런 건물이 한가운데 자리하고 있는데, 이것이 무위사의 주법당인 극락보전이다. 이 잘 생긴 건물은 보는 이들에게 단아하고도 검소한 아름다움을 선사한다. 조선 초기인

1430년(세종 12년)에 지어진 이 건물은 앞면 3칸, 옆면 3칸에 주심포 맞배지붕의 구조로 되어 있다. 법당의 밑바닥 석축은 막돌로 어지럽게 쌓고 그 위에 반듯한 장대석을 둘러서 마무리했으며, 치장이 없는 주춧돌을 놓고 몇백 년 묵은 나무를 베어다가 기둥과 지붕을 엮어 아미타 부처님을 모시는 극락보전을 세웠다.

　무위사 극락보전의 건축사적인 가치는 무엇보다도 부석사 무량수전이나 수덕사 대웅전의 양식보다는 후대의 것으로서 조선 초기 주심포 건물의 양식적 특징을 보여주는 건축 연대가 확실한 기준 자료라는 데에 있다고 한다. 더구나 용마루의 직선을 살짝 공굴려 처지게 함으로써 편안함을 주는 점이라든지, 맞배 형식으로 얹은 지붕, 처마의 무게를 바치는 공포(拱包)를 여러 개 얹지 않은 주심포식 양식에서 풍기는 단아하고도 엄숙한 맛은 단연 압권이다. 단아한 이 법당의 기풍은 수륙재를 지내기 위한 국가적 배려 속에서 마련된 예배 공간으로 보고 있다. 당시 피비린내 나는 전쟁이나 극심한 가뭄으로 인해 죽은 이들로 고을마다 통곡소리가 그치지 않을 때 죽은 자의 영혼을 달래려는 재생의식의 공간으로서 손색이 없도록 법당 내부를 벽화로 장식하여 서방정토 극락세계를 주관하는 아미타 부처님을 모셨던 것이다. 극락보전 안은 기둥이 없는 통간이며 불단 위쪽에 닫집 모양의 보개천정(寶蓋天井)을 올리고 불단에는 아미타 관음 지장보살의 삼존불상을 모셨다. 불단 뒷면의 아미타극락후불탱화는 회화사적으로 높이 평가되고 있다. 그밖에 벽화로 아미타내영도 · 아미타삼존도 · 수월관음도 등이 있다.

　이 땅의 수많은 사찰들 중에 무위사만큼 불전과 불상 그리고 벽화가 잘

■ **극락보전** 의젓하고 시원스럽게 생긴 이 건물은 보는 이에게 단아하고도 검소한 아름다움을 선사한다.

조화된 곳도 드물다고 한다. 특히 극락보전 안에 있는 벽화는 무위사가 아니면 볼 수 없는 걸작들로 가득하다. 후불벽에는 아미타삼존도, 그 뒷면에는 수월관음도, 좌우측벽에는 설법도와 아미타래영도, 그 위쪽으로는 오불도, 공양화, 비천도 그리고 그 좌우에 관음·세지·지장보살과 같은 보살도, 포벽의 불좌상 등 크고 작은 공간에 다양한 벽화가 그려져 있다. 말하자면 극락보전은 아미타 사상이라는 통일된 주제로 장식되어 있다고 할 수 있다. 현재는 후불벽 전후면과 좌우측 벽의 벽화 이외에는 모두 벽에서 통째로 분리하여 벽화전시관에 보관한 뒤 일반인들에게 관람케 하고 있다.

아미타삼존불상 뒤편 후불벽에 그려진 아미타삼존도는 화려하기 그지없는 고려화의 영향과 조선 초기의 새로운 수법이 결합된 걸작으로 국내에 남은 조선시대 아미타불화 가운데 가장 오래된 것으로 알려져 있다. 본존인 아미타불좌상을 중심으로 좌우로 약간 내려와 관음과 지장보살이 서서 삼존을 이루고, 화면의 위쪽 좌우에 세 사람씩 제자(나한상)를 배치한 간결한 구성이다. 본존의 당당한 신체와 원만한 얼굴, 단정하고 섬세한 이목구비의 표현 등에서 부처님의 위엄과 덕성이 잘 드러난다. 이 후불 벽화는 하단에 쓰여 있는 화기(畵記)로 볼 때 1476년 아산 현감을 지냈던 강노지(姜老至) 외 수십 명의 시주로 해련(海蓮) 선사 등이 그렸음을 알 수 있는데, 현재 이곳 성전리와 금당리 거목마을에 강노지의 후손들이 집단 거주하고 있다고 한다.

수월관음벽화는 아미타삼존도 뒷면에 그려진 벽화로 화면 전체에 관음보살이 흰 옷을 입고 바다 위에 둥실 떠서 왼손은 아래로 내려 정병(淨甁)을 잡고 있고, 오른손으로는 버들가지를 살짝 쥐고 있으며, 둥그스름한 두광과 신광을 지고 서서 화면 아래쪽에서 관음을 예배하는 선재동자(善財童子)를 내려다보고 있는 형상이다. 바람에 흩날리는 활달한 옷주름과 크고 둥근 광배(光背), 굽이치는 물결 등에서 율동감이 살아 꿈틀거린다. 관음보살은 넙적한 얼굴, 굵은 목, 넓은 어깨 등에서 남성적인 건강성이 넘친다. 관음이 내려다보고 있는 인물은 선재동자로 생각되나 일반적인 동자의 모습이 아니라 승복을 입은 노비구의 모습을 하고 있다. 무릎을 꿇고 합장을 한 노비구의 얼굴에는 관음을 예배하며 구원을 바라는 염원이 매우 절실하게 표현되어 있다.

■ 수월관음도 관음보살의 바람에 흩날리는 활달한 옷주름과 둥근 광배, 굽이치는 물결 등에서 율동감이 살아 꿈틀거린다.

아미타래영도는 본래 극락보전 서쪽 벽면에 봉안되었으나 지금은 떼어내 새로 세운 보존각에 옮겨져 있다. 염불을 지성으로 행한 사람은 수행이 깊거나 죽게 될 때 아미타불이 마중 와서 극락세계로 맞이해 간다는 내용을 형상화한 이 벽화는 아미타불과 8보살 8비구가 구름 위에서 좌우로 길게 늘어서서 왕생자(往生者)를 맞이하는 모습을 하고 있다. 8보살 뒤편 사이사이에 상반신만 보이는 8비구는 각자 다른 표정과 포즈를 취하고 있으며, 뭉게구름과 함께 생동감과 극적인 분위기를 연출하고 있다.

선각대사 편광탑비와 3층 석탑

극락보전에서 보면 오른쪽 마당에는 946년(정종 1년)에 건립된 선각대사 형미의 비가 서 있다. '고려국고무위갑사선각대사편광영탑비명병서'(高麗國考無爲岬寺先覺大師遍光靈塔碑銘幷序)라는 비명을 가진 높이 2.3m의 이 비는 보물 제507호로 지정되었으며, 최언위(868-944)가 짓고 유훈율이 구양순체로 글씨를 썼다. 비의 모양을 보면, 거북 모양의 비석 받침돌인 귀부(龜趺)는 용

■ 선각대사 편광탑비 보물 제507호로 지정된 이 탑비는 무위사를 크게 중수한 형미 스님의 공적을 기리기 위해 세운 것이다.

의 머리 형상을 하고 있으며, 입에는 여의주를 물고 있고, 귀는 깃털이 날리듯 사납다. 한편, 이 비의 바로 뒤편에는 석불이 하나 있는데, 이는 민간에 널리 숭배되어 오던 미륵부처님을 돌로 만든 것으로 본래는 성전면 수양리 수암마을에 버려져 있던 것을 이 마을 독지가가 몇 년 전에 이곳 무위사로 옮겨온 것이라고 한다.

선각대사편광탑비 바로 앞에는 3층석탑이 있다. 고려 초에 조성된 것으로 보이는 이 탑은 3층 옥개석과 1층 옥개석 일부가 약간 파손되었으나 상륜부가 잘 남아 있고, 그 외의 부분도 비교적 완전한 전형적인 2층 기단의 3층석탑으로 통일신라의 양식을 따른 것이라고 한다. 또한 극락보전 앞마당의 좌우에는 괘불 지주 한 쌍이 놓여 있는데, 지주 옆면에 1678년(숙종 4년)이라는 제작 연도가 새겨져 있다. 이 괘불 지주는 당시 임진왜란(1592)·정유재란(1597)·병자호란(1636)과 같은 전쟁으로 억울하게 죽은 민초들의 영혼을 달래려고 대규모의 수륙재를 지내기 위해 만들었던 야외 법회용 괘불을 걸 목적으로 제작되었던 것으로 추정되고 있다.

천불전 요사에서의 추억

개인적으로 필자는 무위사의 어느 이름 모를 스님 한 분과 잠시 스쳐가는 인연을 맺은 바 있다. 아마 10년 전 아직 추위가 가시지 않은 이른 봄이었을 것이다. 필자는 가족과 함께 무위사를 찾은 적이 있다. 그때 절간으로 들어서는 입구 부근에는 홍매화가 벙글어 환하게 경내를 밝히고 있었다. 우리 가족은 경내를 두루 둘러보다가 극락보전 우측으로 한적하게 떨어져 자리한 천불전에 들렀는데, 그 천불전 옆에는 지붕이 낮고 오래된 요사(寮舍)가 한 채 있었다. 사람이 있는 줄 미처 몰랐던 우리는 자그마한 토방마루에 걸터앉아 잠시 쉬었다. 그런데 얼마 후 안에서 인기척이 들리더니 작은 창문을 열고 스님 한 분이 나오시는 것이었다. '아차, 수도하고 계시는 스님께 실례가 되었구나' 싶어 일어서서 죄송하다는 말씀을 올리려는 순간, 그러나 그만 말을 못하고 말았다. 대신 스님의 얼굴을 한동안 넋을 잃고 바라보았다. 그도 그럴 것이 젊고 이목구비가 수려하기 그지없는 스님 한 분이 흰 연꽃처럼 우리를 보며 미소를 머금고 서 있었던 것이다. 하도 아름다워 혹시 비구 스님이 아닌가 뚫어져라 쳐다보는 필자의 시선을 의식했던지 그는 부끄러워 고개마저 지긋이 수그리는 것이었다. 말문이 안 열리는 것은 아내도 마찬가지였다. 낮달처럼 희고 포럼한 얼굴의 그이는 우리가 목이 마를 것이라고 생각했는지 부엌으로 들어가 흰 사발에 냉수를 떠와서는 말없이 건네는 것이었다. 그리고는 이내 귀여워 못 견디겠다는 듯 딸아이를 안고 한참을 놀아주는 것이었다. 그러나 그의 미소 속에는 어딘가 모를 슬픈 그늘 같은 것들이 읽혔다. 그는 끝내 미소만 지은 채 고맙다 인사하며 떠나는 우리를 향해 가지런히 두 손을 모으더니 다시 그 요사 안으로 사라졌다.

    그 짧은 순간에 알 수 없는 매력에 휩싸인 필자는 요사를 빠져나오면서 아내에게 장난기 섞인 말을 이렇게 던진 적이 있다. "남자가 같은 남자에게 연애 감정이 생기는 걸 어떻게 생각하느냐, 생각 같아선 오늘밤 저 스님을 꼬여서 깊게 한잔하고 싶다"고. 물론 아내가 기겁했고, 또 혹시 그 스님이 이 글을 읽으신다면 그야말로 큰일 날 소리지만 그때 그 스님이 내게 풍겨준 아름답고도 따스한 향내를 지금도 잊을 수 없다. 지금도 무위사에 가면 그 요사에 들러 스님을 뵙고 싶지만 왠지 그러지를 못한다. 아니, 그 스님이 지금도 계실런가? 계시다면 부디 이 중생의 부질없는 착각을 널리 용서하시길 바란다.

보름달과 월하 마을

일반적으로 답사객들은 무위사를 둘러본 즉시 월하리를 빠져나간다. 답사 일정상 시간이 빠듯하기 때문일 것이다. 그리고 답사가 흔히 잘 알려진 유적지만을 중심으로 진행되는데 익숙해진 탓일 터이다. 필자도 예외는 아니다. 그러나 우리는 때때로 모르게 숨어 있는 장소나 풍광에서 큰 감명이나 마음의 위안을 받을 때가 있다. 성전면 월하리가 바로 그런 곳이다.

월하(月下)는 무위사가 자리한 죽전마을 뒤쪽에 있는 마을로, 절간에 당도하기 직전에 우회전하여 골목길을 타고 올라가면 나온다. '월출산 아래 있는 마을'이라는 뜻을 갖고 있는 이 마을은 월출산 동남쪽 기슭에 자리한 9개의 '月'자 마을 중 월남사지가 있는 월남(月南)마을과 함께 가장 소박하고 아름답다. 또한 명산 월출산을 바라볼 수 있는 최적의 위치에 자리하고 있다.

필자가 백운동 계곡의 동백나무숲을 보러가기 위해 이 마을을 처음 지나게 되었을 때 받았던 인상이 지금도 눈에 선하다. 늙수그레한 당산나무를 중심으로 장독대마냥 옹기종기 모여 있는 60여 채의 집들이며, 완만하게 흘러내리는 산비탈에 펼쳐진 밭에서 일하고 있는 사람들의 모습이 그렇게 평화롭고 아름다울 수 없었다. 그것은 어릴 적 동화 속에나 나오는 산골마을의 정경 같은 것이었다. 그래서 필자는 그날 저녁 만사를 작파하고 이 마을의 어느 집에서 하룻밤 묵어갔다. 때마침 동편에 보름달이 뜨고 있었기 때문이다.

월하마을은 달과 인연이 깊은 곳이다. 그날 밤 필자는 어찌하여 월출산 남쪽 기슭에 '月'자를 붙인 마을들이 이렇게도 많은가에 대한 궁금증을 확실히 풀 수 있었다. 비록 지금은 무위사만 남아 있지만 옛날엔 절간과 암자가 99개나 되었다는 사실도 마찬가지다.

임진왜란의 명장 김억추

작천면 박산마을은 임진왜란과 정유재란 때의 명장 김억추(金億秋, 1548~1618)가 태어난 곳이다. 『강진군 마을사-작천면 편』에 따르면, 그가 29세에 처음 알성과(謁聖科)에 응시하여 무게가 96근이나 되는 활을 당겨 과녁을 모두 명중시키자 선조가 병조참판이던 율곡 이이를 시켜 이를 기념하는 표지석을 훈련원에 세우게 했는데, 이를 '김억추석'이라고 부르게 되었다고 한다.

김억추가 순창군수로 있던 1592년 임진왜란이 터지자, 선조가 피난을 떠나며 그를 찾자 밤낮으로 말을 타고 달려 평양에 당도한 뒤 평안도 방어사가 되어 공을 세웠으며, 또 안주목사를 맡아 맹렬히 싸웠으나 그만 패하자 관직을 빼앗기고 백의종군하였다.

1597년 정유재란 때는 "김억추가 아니면 이순신을 도울 자가 없다(非金億秋 無以相助)"고 하자 전라우수사에 임명된 그는 충무공을 도와 어란포(해남 어란) 싸움과 명량해전에 참가했다. 지금의 진도대교가 있는 명량(울돌목)의 속사정을 누구보다 잘 알고 있었던 그는 우수영에 소속된 장수 권준, 임준, 송희립, 배길문, 조기, 배계 등에게 명하여 밤낮으로 전함을 만들고 강물 속에 쇠줄을 설치하였다. 마침내 왜선 133척이 쳐들어오자 왜장 마다시를 활로 쏘아 죽이고 왜선 31척을 침몰시키는 등 혁혁한 전과를 올려 명량해전을 대승으로 이끌었다. 이를 본 이순신이 "영남을 보전하려면 호남이 온전해야 하고, 호남을 보전하는 일은 김억추의 꾀에 달려 있다"(嶺南之保 全在於湖南 湖南之保 金億秋之方略也)고 나라에 보고할 정도였으니, 한 마디로 명량해전은 그의 지략과 용맹에 따른 승리였다고 해도 과언은 아닐 듯하다. 그 공으로 그는 정이품에 올랐으나 너무 높은 직책을 맡긴다고 헐뜯는 무리들이 많아 59세에 벼슬을 그만두고 낙향하여 여생을 보내다가 71세로 세상을 떠났다.

호남 제일의 군사도시 병영

작천면을 지나면 나오는 병영면은 백제시대 도무군, 통일신라시대 양무군, 고려시대 도강군, 조선시대 도강현의 중심 치소(治所)가 있었던 곳이며, 1417년(태종 17년)부터 전라도(제주도 포함) 53주 6진을 관할하는 전라병영성이 1895년 동학군에 의해 폐영될 때까지 약 500여 년 가까이 존속했던 곳이다. 따라서 이곳은 지금이야 보잘 것 없는 일개 면으로 전락했지만 1474년(성종 6년) 현재의 위치로 강진읍이 옮기기 전까지 천년고도의 역사가 살아 숨쉬는 중심 현장이었다. 병영(兵營)이라는 고을 이름도 전라병영성이 있었던 곳이라 하여 붙여진 것으로, 1931년 일제가 고군면(古郡面)을 개칭한 이래 지금까지 그렇게 불리고 있다.

그리고 병영은 우리나라를 서양에 최초로 소개한 『하멜표류기』의 저자 하멜과 그의 일행이 7년 동안 억류생활을 했던 현장이기도 하다. 뒤에서 자세히 소개하겠지만, 하멜표류기의 내용이 이곳 병영에서의 생활을 토대로 한 것이라는 점에서 그 의미는 심대하다. 또한 하멜 일행이 머무르는 동안 주민들에게 끼쳤을 유·무형의 영향을 가정해 보았을 때 병영은 어쩌면 우리나라에서 가장 먼저 서양 문물을 접했던 역사적인 공간일 수도 있다.

필자는 병영에 들를 때마다 어찌하여 이 유서 깊은 곳이 지금껏 아무렇게나 방치되어 왔으며, 호남은 물론 강진의 문화유적 답사지에서마저 소외되었는지 안타까운 마음이 앞선다. 뭐가 잘못돼도 크게 잘못되었다는 생각이다. 물론 대부분의 문화유적이 훼손되어 볼거리가 없고, 내륙 산간에 위치해 교통이 불편한데다 숙박시설마저 없다는 점이 그 일차적 원인일 터이다. 그러나 유적지 복원은 장기적인 과제라 하더라도 확실한 안내 표지판의 부족과 다산초당 등 알려진 곳만 집중 부각시키는 홍보 정책의 편향성을 어떻게 설명해야 하는가. 바로 이러한 원인들 때문에 사람들은

■ **병영 시가지 일대** 지금은 일개 면소재지로 전락했지만 조선시대엔 호남 최대의 군사도시이자 상업도시였다.

시간이 남더라도 그런 곳이 있는지조차 모르고 지나칠 뿐더러 전문 답사객들마저 무심결에 외면한다. 과거와는 달리 요즈음의 답사는 보는 것보다 느끼는 것 위주로 바뀌고 있는데도 말이다.

병영에 처음 들른 사람이면 누구나 이곳이 '참 고풍스러운 곳이구나' 하는 인상을 강하게 받는다. 그도 그럴 것이 면사무소를 중심으로 늘어선 일부 상가 지역을 제외하고 성터를 비롯한 집들이며 골목길 담장 등이 옛날의 허름한 이미지 그대로이다. 산이며 강 그리고 들판 어디를 가나 옛자취나 세월의 잔영이 진하게 묻어 있다. 옛날의 영화가 사라진 고즈넉한 고을의 분위기는 마치 '황성 옛터' 마냥 쓸쓸하기까지 하다.

그러나 원형이 훼손된 병영성은 복원 작업이 한창 진행 중이고, 하멜 억류생활터나 은행나무·비자나무·한골목·수인산성터·홍교·조산·고인돌군 등이 비록 정돈이 안 된 상태로나마 남아 있으며, 수많은 이야기와 전설이 현전하고 있음을 볼 때 오히려 병영은 강진의 그 어느 곳보다 때 묻지 않은 유적체험현장임을 부인할 수 없으리라.

고백하건대, 강진이 고향인 필자도 정작 병영의 중요성을 알고 답사한 지가 얼마 안 되었다. 그만큼 병영은 강진 사람들에게서조차 외면당하고 있었던 것이다. 그래서 최근 가장 자주 들르는 곳이 병영이다. 그때마다 필자는 다소 불편하더라도 성터 주위를 천천히 돌면서 옛날 이곳에서 벌어졌던 싸움과 병사들의 함성소리 그리고 숱한 서민들의 애환과 숨결을 느끼곤 한다. 그것이 화려한 볼거리가 있는 곳보다 역사와 선조들의 체취가 묻어 있는 곳을 찾는 이유일 터이다. 모든 일이 생각처럼 되기 어렵겠지만 머잖아 병영성이 제대로 복원되고 하멜기념관이 완공되는 날이 오면 병영은 미래의 강진문화답사 일번지로 새롭게 부각될 것이다.

난공불락의 요새

병영면은 사방이 산으로 겹겹 에워싸인 분지에 자리하고 있다. 한 마디로 지형 자체가 거대한 성을 연상케 하는 천혜의 요새요 명당이다. 동쪽에는 수인산을 비롯한 별락산·매봉산이, 북쪽으로는 성자산과 옥녀봉·

깃대봉이, 서북쪽에는 수암산·월출산이 그리고 남쪽으로는 화방산·오봉산·우두봉이 철옹성처럼 둘러싸고 있다. 이들 산들이 각각 좌청룡, 우백호, 남주작, 북현무를 이룬 셈이다. 그리고 드넓은 작천평야와 병영평야가 시원하게 펼쳐져 있는 들녘을 적시며 월출산에서 발원한 금강천이 탐진강 본류를 향해 유유히 흐른다. 전라 병영은 바로 이러한 입지적 조건을 배경으로 자리했던 것이다.

그래서 조선 후기에 담헌 이하곤(李夏坤, 1677~1724)은 강진땅을 여행(1722)하면서 「강진잡시(康津雜詩)」(『남행집』 수록) 10수를 남겼는데, 그 다섯 번째 시에서 병영의 지리적 조건을 이렇게 읊기도 하였다.

> 병영 자리는 천혜의 요새시로
> 탁 트인 들 가운데로 잔잔히 내 흐르고 사방엔 산
> 기암괴석 솟은 봉우리 바로 수인산이네
> 병영성 밖 기이한 장관은 요망대라네

이러한 병영의 지리적 여건은 오늘날의 입장에서 보면 보기 드문 산간오지에 해당하는 것이지만, 당시 군사적 요충지로서는 더할 수 없이 좋은 위치였던 모양이다. 따라서 산과 산 사이의 협곡만 차단하면 이곳은 누구도 넘볼 수 없는 난공불락의 요새였던 것이다.

병영은 한말 때만도 3천여 가구에 이를 정도로 규모가 큰 군사도시였다고 한다. 그러나 오히려 100년이 넘은 지금은 1,000여 가구밖에 안 된다. 인구 또한 병영성이 들어설 무렵 2만으로 늘었던 것이 폐영 후에는 1만으로 줄었고, 지금은 3천여 안팎으로 뚝 떨어졌다. 500여 년의 시차를 둔 그때와 지금의 인구나 도시의 규모를 감안하여 비교해 보았을 때 실로 엄청난 몰락이 아닐 수 없다.

다시 담헌의 「강진잡시」 세 번째를 보면 당시 병영의 규모와 실상이 잘 드러나 있음을 본다.

> 이 돌 저 돌 모아 오밀조밀 보조성을 쌓은 곳
> 군사들 주둔하는 이 성이 전라병영이라네
> 거주민은 거의 3천호에 이르는데
> 대개가 군관과 병영의 군속들이라네

병영상인과 병영상권

군사도시는 그 특성상 상업도시로서의 성격을 지닌다. 따라서 당시의 병영이 지금의 파주, 문산, 동두천과 같은 도시처럼 군인들을 상대로 한 상업이 발달했을 것은 자명하다. 그래서 유명했던 것이 병영상권이다. 학계의 연구에 따르면 병영상권의 물적 기반은 1417년 광산에서 이곳으로 전라병마도절제사영이 옮겨오면서 있었던 대규모 인구 이동이 그 기원이 된다. 인구 이동의 근간은 물론 군인과 그 가족이었을 터이지만, 그들을 상대로 장사를 했던 외지 상인들도 더불어 유입됐을 것은 뻔하다. 따라서 오늘날도 마찬가지지만, 병영 상권은 상업을 천시했던 당시의 시대상으로 보아 유교를 신봉했던 완고한 토박이들보다는 외지인들이 장악했을 것이다(실제 문헌상으로 살펴보아도 강진의 유학자들이 살았던 곳이나 그들의 위패를 모신 서원·사우 등이 위치한 곳은 병영의 중심권에서 다소 떨어진 작천 등 위성 지역이 많다).

아무튼 그들은 병영상권을 중심으로 눈부신 활동을 펼침으로써 병영이 일약 전라도 일대 상업의 중심지역으로 성장하는데 기여한다. 그래서 자연스럽게 이곳으로 돈이 모이고, 1700년대에는 개성에서 발행된 어음까지 거래됐다고 한다. 하지만 이로 인한 폐단도 만만치 않았던 것으로 보인다. 병영 삭둔리 출신의 시인이자 학자인 해암 김응정(1527~1629)은 『해암문집』에서 "쳐들어오는 적을 막아낼 준비는 돼 있지 않은데 물건을 사고파는 일에만 재촉한다"며 재물을 모으는 일에만 눈이 어두운 당시 병영의 실상과 군관 등의 작태를 꼬집고 있다.

그러나 1894년 동학군에 의해 병영성과 그 일대가 불에 타고, 1년 후 결국 폐영이 되면서 병영상권은 유명무실해진다. 군관과 병사 그리고 상인들이 그들의 연고지를 찾아 뿔뿔이 흩어져버렸기 때문이다. 하지만 남아 있던 사람들이 과거에 배운 상술을 기반으로 재기한다.

주로 보부상으로 출발했던 그들은 이젠 병영에만 머물지 않고 전국을 무대로 뛰어난 장사 수완을 펼친다. 그래서 유행한 말이 "북에는 개성상인, 남에는 병영상인"이다. 강진신문(1999년 3월 26일자) 관련 기사에 따르면, 그들은 주로 "5일 시장을 전전하면서 자본이 축적되면 상점을 차리고 자본이 커지면 도시를 찾아 진출하기 시작하면서 병영의 상인이 전국에 없는 곳이 없다 할 정도"로 그 숫자가 늘어난다. 또 삼인리 김흥연(병영교회 사료집 편찬위원장) 옹이 집필한 『병영교회 92년사』 중 「하멜표류기와 병영」이라는 글에 따르면, 멀리는 속초, 인천, 서울, 군산, 목포, 부산, 광주에서부터 근방의 고흥, 벌교, 보성, 장흥, 해남, 완도에 이르기까지 병영상인들은 5일 시장을 휩쓸고 다녔다고 한다. 그러나 지금의 병영에서야 옛날의 그 명성을 어디에서도 찾을 길이 없다. 새벽녘이면 두툼한 물건을 등에 지고 골목을 빠져나가던 상인들의 행렬도 먼 기억 속에서나 존재할 뿐이다. 하지만 한 때 전국의 5일장을 휩쓸었던 근면·성실한 병영상인들은 지금도 방방곡곡에서 알게 모르게 그 명맥을 잇고 있을 것이다.

여기에서 필자는 강진과 강진 사람들에 대한 일반적인 인식이 대체로 병영과 병영상인에서 비롯된 부분이 많다는 점을 지적하고자 한다. ① "강진은 부자고을이다", ② "강진은 돈은 많아도 인물이 없다", ③ "강진 사람들은 상리에 밝고 꾀가 많다"든지 하는 말들이 그것이다. 먼저 ①은 비교적 평야가 넓은 지역인 병영·작천·강진읍·군동 지역을 중심으로 다소 지주가 많았던 부분도 있지만, 전라병영성이 있었던 병영을 중심으로 장사를 벌여 돈을 많이 번 부자가 많았다는 뜻이지 강진 지역 전체가 모두 그렇다는 말은 아니다. ②는 강진이 풍수지리상 현재의 강진읍과 강줄기가 끝나는 구강포와의 거리가 너무 짧아 큰 인물이 적게 나올 형국이라 하여 나온 말이라지만, 이것도 과거 병영지역의 상업 활동이 활발하여 돈이 많았다는 뜻으로 해석된다. 즉 반드시 인물이 없었다는 뜻이라기보다 상대적으로 돈을 주무르는 상인들이 많았다는 것이다. ③도 마찬가지다. 이는 전국을 무대로 활동한 병영상인들의 뛰어난 장사 수완을 은근히 비꼬아 한 말이지 강진 사람들 전체가 본디 그렇다는 말을 아닐 터이다.

더구나 병영상인들은 이곳 토박이들보다 외지 사람들이 정착한 경우가 더 많았다는 사실도 감안해야 할 것이다. 이렇게 볼 때 병영을 모르고서는 강진을 안다고 말할 수 없다는 결론이 나온다. 그만큼 병영 지역은 여러 가지로 강진의 근간을 틀어쥐고 있었던 것이다.

병영성의 흥망성쇠

병영은 앞서 말한 대로 전라병영성이 있었던 곳이다. 그렇다면 어떻게 하여 전라도에서도 한쪽에 치우친 이곳에 전라병영성이 들어서게 되었던 것일까? 그리고 설치 과정은 어떠했으며, 어떤 변천 과정을 통해 지금에 이르게 되었을까?

먼저 그 설치 배경에 대해서 목포대학교 박물관이 펴낸 『강진 병영성』(1991) 등 학계의 연구 자료를 참고하면 다음과 같다.

첫째, 왜구의 잦은 침입에 효과적으로 대응하기에 적합한 지역이었다는 점이다. 고려 후기 충정왕 때부터 왜구는 전라도와 경상도 남해안 지역에 침입하여 막대한 피해를 입혔는데, 『고려사』에 기록된 것만 해도 그 횟수가 30여 회에 달하고 있다. 조선시대에 들어와서도 왜구의 침입이 그치지 않자, 태종은 내륙과 해안의 군사시설을 강화하는 한편 군사제도를 재정비하여 이에 적극 대비하게 된다. 이때 병영을 비롯한 모든 육군진과 수군진을 바닷가와 인접한 지역에 설치하게 되는데, 이 과정에서 전라 병영도 왜구의 침입이 가장 빈번한 강진으로 옮겨오게 된 것이다. 즉 병영성의 강진 이설은 지방군 편제상 거의 상징적인 의미만을 지녔던 기존의 도절제사영을 이곳으로 옮김으로써 바다와 가까운 지역에서 수군과 육군이 실제적으로 합동작전을 벌일 수 있도록 하기 위한 조치였던 것이다.

둘째, 이곳이 백제시대부터 고려시대에 이르기까지 전라도 서남단의 주요 행정 거점이었다는 점이다. 주지하다시피 병영 지역은 백제의 도무군, 통일신라의 양무군 그리고 고려시대 도강현의 중심 치소(현 중고·하고리 일대 추정)가 있었던 곳이다. 특히 백제의 도무군과 통일신라의 양무군은 단지 강진 일대의 군이라기보다 강진(완도군 포함)과 해남 일대의 대규모 행정권을 관할하고 있었다. 비록 고려시대에 들어 현으로 강등되었지만 그 이름만 바뀌었을 뿐 기존의 행정치소인 도강현성이 있었으므로 새로 축조하는 부담을 덜어 옮기기가 훨씬 쉬웠다는 것이다.

셋째, 병영 지역 특유의 지리적 여건과 병영성 배후 기지로서 수인산성과 같은 천혜의 요새가 있었다는 점이다. 앞에서 소개한 바대로 병영 일대 지형은 사방이 첩첩 산으로 둘러싸인 전략적 요충지인데다가 배후에는 고려 말 우왕 8년(1382)에 축조된 것으로 추정되는 수인산성이라는 천혜의 요새가 있었다. 수인산성은 『동국여지승람』에 따르면 고려 말 도강현과 탐진현을 비롯한 보성, 장흥, 영암지역의 백성들이 왜구의 침입이 있을 때마다 피난하였던 중요한 입보처(立保處)였다. 게다가 기름진 병영평야와 작천평야에서 거둬들인 곡식은 유사시 군량으로 자급자족이 가능했다. 이렇게 볼 때 이 지역에 전라도병마절제사영을 설치한 것은 어쩌면 당시 역사적·지리적 배경으로 보아 필연적이었다고 할 수 있다.

다음으로 병영성의 설치와 변천 과정을 보자.

병영성은 원래 광산현(현 광주시 광산구 송정동 고내상)에 있던 전라도 병마절도사영을 1417년(태종 17년)에 이곳(당시 도강현)으로 옮겨온 것이다. 광산현에 설치한 지 불과 몇 년밖에 안된 영(營)을 굳이 지금의 병영면으로 옮겨온 것은 무엇보다도 당시의 빈번한 왜구의 침입에 효과적으로 대처하기 위해서였다. 성을 쌓은 사람은 초대 병마절도사였던 장흥 출신 마천목(馬天牧, 1358~1431) 장군이었다고 한다. 그는 KBS 드라마 「용의 눈물」에도 자주 나왔던 이방원의 심복이다.

축성 후 병영은 호남 군사의 최고 지휘부로서 그 역할을 다하다가 1555년(명종10년) 을묘왜변을 겪으면서 위기에 봉착한다. 달량진(현 해남군 북일면 남창리, 당시 탐진현 관할 구역) 사변이라고도 불리는 이 전쟁은 임진왜란의 전초전이라고 할 수 있는 것으로, 왜구들은 이곳으로 쳐들어와 강진, 해남, 영암, 장흥 등지에 막대한 피해를 주었다. 그때 병마절도사였던 원적과 장흥부사 한온은 왜적에 의해 살해당하였고, 영암군수 이덕견은 포로가 되었으며, 병영성도 함락되어 폐허가 되는 지경에 이르렀다.

이때 파손된 피해는 후임 남치근 병사에 의해 복구되었으나 불의의 화재로 또 소실된다. 그러자 전면적 중수가 이루어지는데, 양응정의 『병영중수기』에 따르면 우서의 책임 아래 1,800여 명(3분의 2는 승려들)의 인원을 동원하여 모두 96칸의 건물을 완성, 면모를 일신하여 임진왜란과 정유재란을 맞게 된다.

을묘왜변 때 입은 피해를 감안한다면 임진왜란과 정유재란이라는 두 큰 전쟁을 겪은 병영성은 아마 초토화됐을 법하다. 그러나 병영성은 신기하게도 이때는 직접적인 피해를 입지 않았다. 이유인즉 을묘왜변 때와는 달리 그 대비가 넉넉했고, 무엇보다도 이순신이라는 명장의 활약에 힘입은 바 크다. 어디 이순신 한 사람만의 힘이었겠는가. 거기에는 이 지역 출신인 김억추·황대중·염걸 장군 등의 빛나는 활약을 비롯한 수많은 민초들의 희생이 있었다. 그러나 정유재란 때는 울돌목에서 이순신에게 크게 패한 왜군이 그 보복전으로 강진, 해남, 영암 등지에 상륙하여 곳곳에서 치열한 전투를 벌인다. 이 과정에서 병영성도 상당한 타격을 입었을 것임에도 불구하고 오히려 병영군사들의 타 지역 활동이 두드러졌다. 이를테면 전라병사 이복남이 병영군사를 이끌고 남원성 전투에 참가하여 순절한 것이 그것이다.

병영성은 정유재란 직후인 1599년(선조 32년) 도원수 권율(權慄)의 건의로 수인산성과 이웃한 장흥읍성으로 옮겨진다. 그러나 이에 따른 장흥과 강진 지역의 민심이 좋지 않아 복잡한 논란을 거쳐 불과 6년만에 다시 원상 복귀한다. 장흥 백성들의 장졸 접대에 대한 고통과 재차 복귀를 원하는 병영 백성들의 민심을 받아들였기 때문이다. 이후에도 병영성의 이설 논의가 이어지는데, 해남 출신 오달운과 다산 정약용의 주장이 그것이다. 오달운은 담양, 광주, 장성으로 옮길 것을 주장했고, 정약용은 해남의 대둔산으로 옮길 것을 각각 주장하였으나 수용되지 않았다.

이후 병영성은 약 300여 년 동안 그 임무를 수행하다가 1894년 12월 10일 결국 동학농민군에 의해 함락되어 그 최후를 맞는다. 해남·장흥의 동학군들은 먼저 장흥읍성을 공략, 장흥부사를 죽이고 여세를 몰아 강진읍성과 병영성을 함락시킨다. 특히 강진지역에서는 동학에 반대한 선비들이 의병을 조직하여 맞섬으로써 피아간 피해가 엄청났던 것으로 보인다.

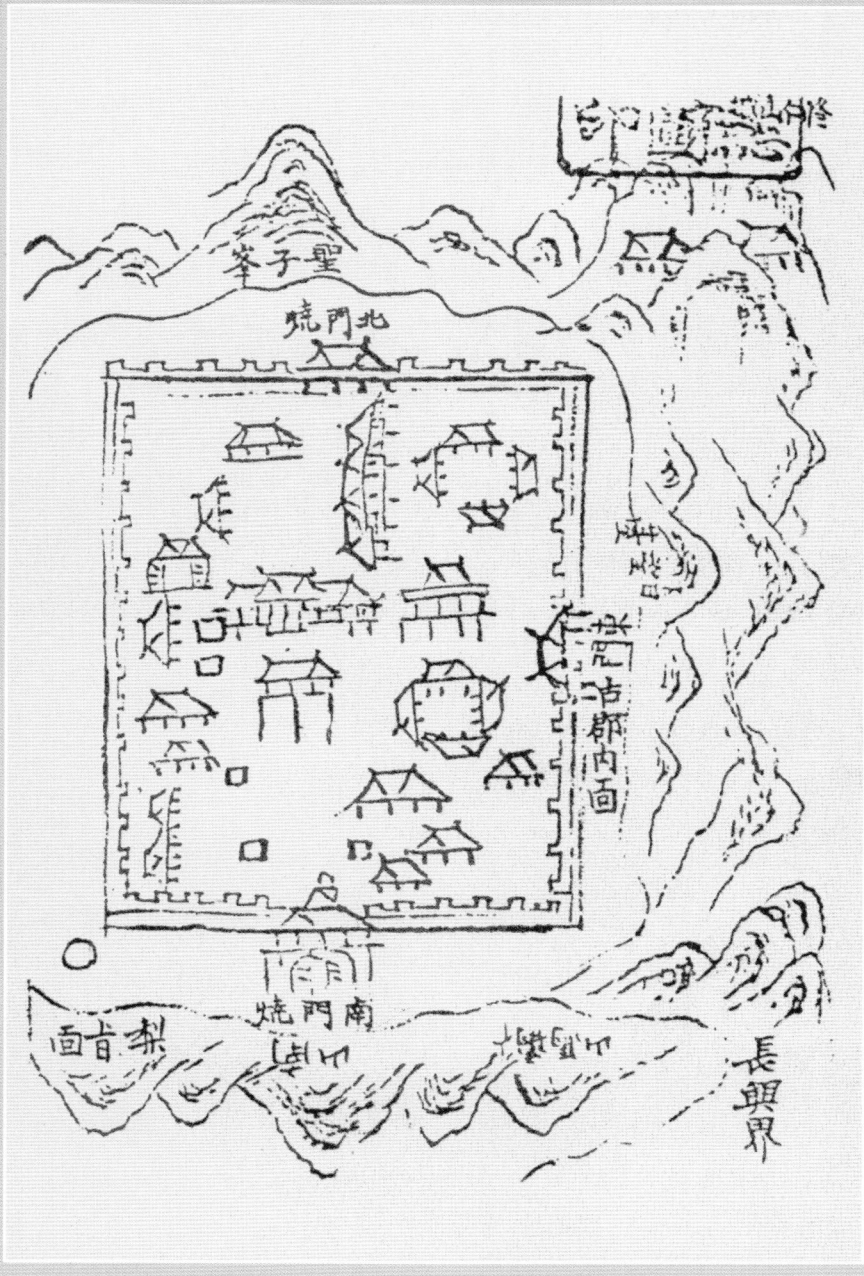

■ 병영성 옛 지도 병영성은 한말 때만 해도 건물이 96칸에 이르는 웅장한 규모였다.

당시 병영성내에는 제대로 싸울 줄도 모르는 농민병사들이 적지 않았는데, 유독 병영성의 관할지역인 병영, 작천, 옴천의 백성들이 많았다고 한다. 이들 긴급히 편성된 농민병사들은 동학군의 위세에 눌려 싸울 마음이나 능력조차 없었을 뿐더러 병사 이하 별장과 도총장이 도주해버림으로써 속수무책으로 억울한 피해를 당했는가 하면, 성안의 관사와 건물 그리고 주위의 수많은 민가들이 불태워졌다. 그래서 지금도 병영 지역에서는 동학에 관련된 인물의 행적이나 긍정적인 평가는 거의 발견하기 힘든 반면, 오히려 동학군과 맞서 싸운 사람들의 행적이 입에 오르내리고 있다. 이를테면 화약고에 불을 지르고 폭사한 작천 박동리 출신 김두흡 같은 이가 그것이다. 이렇게 하여 병영성은 그 이듬해인 1895년 500여 년 역사의 막을 내리게 된다.

병영성의 규모와 현재

그렇다면 병영성의 규모는 어느 정도였으며 현재의 상태는 어떠할까. 사적 제397호와 전남지방기념물로 지정(1991년 12월)된 전라병영성지의 위치는 현재 병영초등학교가 자리한 성동리 138번지 일대이다.

병영성은 평지에 축조된 성으로 남북으로 기다란 장방형 돌성이다. 한말의 『병영지』(1895)에 따르면 둘레가 2,820자, 높이가 18자, 성 위에 낮게 쌓은 작은 담장인 여첩(女堞)이 302자, 옹성이 12개소, 포루가 2개소, 연못 5개소, 우물 9개소 그리고 동문, 남문, 북문이 있었다. 또한 건물로는 객

■ **병영성 복원 현장** 현재 병영초등학교로 이용되고 있는 병영성터는 현재 복원 중에 있는데, 남문 부근은 보존 상태가 양호한 편이다.

사, 동헌, 서헌, 운주헌, 연희당, 응수당, 공무루 등을 비롯한 군사 시설 및 창고까지 합하여 총 96칸에 이르는 웅장한 규모였다고 한다. 그리고 종2품인 병마절도사 휘하에 약 5만여 명의 대규모 병력이 있었다.

그러나 현재의 병영성은 그 원형을 찾아 볼 수 없을 만큼 폐허지경이다. 다만 이곳이 병영초등학교로 이용되면서 그나마 성곽의 외형만은 남아 있다. 현재 남아 있는 외형을 통해 병영성을 복원해 보면 총 연장 길이가 994m에 달하는데, 동벽이 308m, 서벽이 335m, 남벽이 165m, 북벽이 166m로 부속시설을 포함한 총 연장 길이는 1,220m이다. 가장 견실하게 남아 있는 곳은 남측 성벽(박삼옥씨대 담장)과 동측 성벽의 일부 구간이며, 나머지는 지형상으로 그 윤곽만 드러나 있을 뿐이다. 기타 주춧돌 5개와 장대석 여러 개가 학교 안에 흩어져 있으며, 병사와 관원들의 공적을 기리는 선정비 6기와 불망비 11기 등 총 25기의 비석이 병영면사무소 안에 옮겨져 있다.

병영성의 복원과 미래

현재 병영성은 비록 더디지만 복원공사(2010년 완공 예정)가 진행 중에 있다. 강진군에 따르면 이 복원 사업은 국비와 도비 그리고 군비를 포함하여 총 490억 원이 연차적으로 투입되는 대규모 공사라고 한다. 사업 내용을 보면 성곽을 비롯하여 동서남북의 문루와 옹성, 군기청, 동헌, 객사 등의 발굴·복원과 더불어 주변 정화 사업으로 하멜 기념관 건립, 한골목 정비, 화훼단지 조성 등이 들어 있다. 이는 전통과 현대 그리고 동양과 서양의 조화를 꾀하고자 하는 데 그 목표를 두고 있다고 한다. 이 사업이 계획대로만 완성된다면 앞으로 병영은 낙안읍성이나 고창읍성은 물론 한국민속촌에 버금가는 관광과 체험의 명소로 탈바꿈할 것으로 기대된다. 또한 지금까지 답사권에서마저 제외된 소외감을 떨치고 강진 제1의 문화유적 답사지로 부상할 것으로 보인다.

하멜 억류생활터와 은행나무

한편, 병영성은 1656년(효종 7년)부터 약 7년간 네델란드인 핸드릭 하멜(Hendrik Hamel) 일행 33명이 억류생활을 했던 곳이다. 그들이 살았던 곳은 병영성의 동문 밖 500m 되는 지점으로 현재 성동리 사무소 근처로 알려져 있다. 그곳에는 지금도 수령이 약 800년이나 되는 거대한 은행나무가 한 그루가 서 있다. 높이가 30m, 둘레가 13m나 되는 이 수컷 노거수는 숱한 세월의 무게에 짓눌려 가지가 부러지기도 하였으나 해마다 10월이면 어김없이 물이 들어 병영의 가을을 노랗게 밝히고 있다. 또한 이곳은 하멜 일행이 이 은행나무 밑에 앉아 수인산을 바라보며 억류생활의 고단함과 사무치는 고향생각을 달랬던 현장이기도 하다. 따라서 연륜에 걸맞

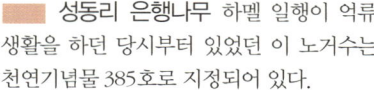 **성동리 은행나무** 하멜 일행이 억류생활을 하던 당시부터 있었던 이 노거수는 천연기념물 385호로 지정되어 있다.

게 천연기념물 385호로 지정받은 이 노거수는 역사·문화적으로 그 보존가치가 매우 크다. 지금도 고색창연한 이 나무와 돌담들을 둘러보노라면 그들의 숨결이 가까이서 느껴지는 듯하다. 또한 1945년까지만 해도 성동리 동성마을 주민들은 정월 대보름이면 이곳에서 마을의 안녕과 수호를 비는 당산제를 지냈다고 한다.

하멜 일행이 탄 배가 난파당하여 처음 제주도에 표류한 것은 1653년 8월. 그들은 약 14년간을 우리나라에서 억류생활을 하게 되는데, 그 기간을 지역별로 분류하면 제주도 약 9개월, 서울 약 1년 9개월, 전라도 약 11년이다. 그리고 전라도 11년 중 남원, 순천, 여수 등에서의 기간을 빼면 나머지 7년은 이곳 병영에서 줄곧 머물렀다. 따라서 1666년 9월 당시 16명의 생존자 중 8명이 여수에서 배를 타고 일본으로 탈출하여 나머지 생존자와 함께 본국으로 돌아가서 출간한 조선 표류 14년의 애사(哀史)를 기술한 『하멜표류기』는 크게 보면 '조선왕국 견문기'이자, 작게 보면 '전라도 체류기'이며, 더 정확히 말하면 '전라도 병영 체류기'라 해도 좋을 것이다.

최초 한국 보고서 『하멜표류기』

주지하다시피 『하멜표류기』(1668)는 우리나라를 최초로 서양에 소개한 책이다. 이는 당시 난파선 '스페르웨르호'의 서기였던 하멜이 조선의 생활풍속·지리·정치·군사·종교·교육·교역 등을 자세히 기술해 처음으로 서방세계에 알리고 있다는 점에서 그 역사적 의의와 가치가 매우 크다고 알려져 있다.

그러나 KBS 연수원 교수부 프로듀서인 남정헌씨가 「하멜 일행의 제주 생활」이라는 글에서 언급한 바처럼 원래 이 책은 표류기라기보다 일종의 보고서이며, 당시 네델란드의 동인도회사에 소속되었던 선원들이 불의의 사고로 우리나라에 억류된 14년 동안 받지 못했던 임금청구서였다.

■ 하멜표류기 이 책은 '조선왕국견문기'이자 '전라도 병영 체류기'라고 할 만하다.

그러나 애초의 의도와는 달리 이 보고서가 책으로 정리·발간됨으로써 당시 유럽에 미지의 동방에 대한 신선한 충격을 던져 준 것은 사실이며, 지구상의 어디에 있는지조차 모르는 우리나라를 '꼬레'라는 이름으로 서방에 처음 알리는 계기가 되었다. 특히 「난선제주도난파기(蘭船濟州島難破記)」에 실린 병영성 관련 내용을 보면 병영성과 주변 사정에 대해 비교적 상세히 기술하고 있어 주목을 끈다.

그렇다면 하멜 일행의 병영 억류생활은 어떠했을까. 『하멜표류기』에 따르면 그들의 생활과 임무는 병사(兵使)에 따라 달랐지만 대체로 힘들고 비참했던 것으로 보인다. 그러나 행동만은 자유스러운 편이었다.

그들은 쌀과 소금을 구하기 위해 하루에도 산길을 20km씩 걸어야 했고, 산에 가서 나무를 해다 팔아 생계에 보탰다. 초기에는 매달 조정에서 쌀 50근씩을 지급했으나 가뭄과 흉년(1659~1663년. 당시 병영 주민들은 도토리·소나무껍질·풀 등을 뜯어 먹으며 연명했으며, 수천 명이 굶어 죽었다고 기록되어 있음)이 겹치면서부터는 그것도 중지됐다. 그리고 그들은 외출을 매우 좋아하여 병영에서 가까운 남해 연안 포구에 자주 나들이를 가서 청어를 사다가 소금에 절여두고 반찬으로 썼다. 어느 겨울에는 구걸(특히 절간의 승려들이 그들을 따뜻이 대했음)과 행상으로 추위를 이겨내야 했다. 또한 그들은 한 달에 두 번씩 관청 앞 광장 청소와 제초, 길 닦기, 담쌓기, 냇가와 보(둑) 보수 작업에 동원됐다. 병영에서 처음에는 33명 모두가 한 집에서 살았으나 나중에 조선 여자와 결혼한 사람은 따로 집을 마련하여 독립해 살았다고 하는데, 이와 관련된 근거가 하멜의 후손이 쓴 기록에 남아 있다.

> 그곳에 잔류하기를 희망한 한 사람을 제외하고는 훗날 모두 석방되었다. 남은 한 사람(얀 클라센, 요리사로 결혼하여 남원에 잔류)은 그곳에서 결혼했으며, 기독교도나 네델란드인은 도저히 볼 수 없었다. 그들 중 몇몇은 그곳에서 결혼하여 얻은 처자를 남겨두고 돌아와 버렸다.

하멜 일행이 조선에서 부여받은 성씨는 '남(南)'이었다고 한다. 당시 조선에서는 화란인을 '남만인'으로 불렀으며, 『승정원일기』(제134책)를 비롯한 조선의 여러 사료 등에는 하멜 일행 중 핸드릭 얀세를 '남북산(南北山)'이나 '남이안(南二安)'으로 표기하고 있음을 본다. 그래서 하멜 일행의 후손이 우리나라에 남아 있을 가능성에 대해 집요한 연구를 계속하고 있는 전남대 김태진 교수는 「하멜과 전라도」라는 글에서 "이들 화란인 남북산, 남이안 등은 '병영 남씨(兵營 南氏)'의 조상"으로 보았으며, 이들의 후손들이 주로 병영, 작천, 남원 등지에 살다가 다른 곳으로 이주해 갔을 것으로 주장하고 있다. 그리고 당시 병마절도사 밑에서 별장(別將)을 지냈던 성이 남씨인 선조 가운데 화기(火器)의 개발에 적극 힘썼다는 기록과 이 병영 남씨의 후손 중에 한 사람으로 6·25 후 남북휴전회담 북측대표였던 남일(南日)을 들고 있어 주목된다. 그러나 무엇보다 이들의 족보가 없을 뿐만 아니라 아직까지도 심증만 있을 뿐 확실한 물증이 없어 아쉽다고 하겠다.

하멜 일행이 끼친 영향

그렇다면 하멜 일행이 끼친 유·무형의 문화적 영향이 이 지역에 구체적으로 어떻게 남아 있을까.

먼저 삼인리 김흥연 옹의 「하멜표류기와 병영」이라는 글을 다시 보면, "당시 국법으로 금하는 기독교 선교를 공공연하게 못 했을지라도 호기심 많은 병영 사람들에게 붉은 수염과 움푹 파인 눈, 높은 코의 서양인들이 세계 지리나 과학, 인본주의 사상 등의 얘기를 했을 것이며 이런 와중에 자연스럽게 종교 얘기도 나왔을 것이고 또한 백성들의 질문으로도 기독교 교리가 노출·전파됐을 것"이라고 추측하고 있다. 그렇게 본다면 병영

지역은 우리나라에서 가장 먼저 기독교 교리를 접한 곳일 수도 있다. 이러한 김 옹의 주장을 뒷받침할 수 있는 근거가 『하멜표류기』에도 나와 있다. 예를 들면, "중들은 아주 자비심이 많아 특히 저희들이 우리나라 사정이나 다른 나라의 소식을 말해주면 기분 좋게 보시해 주었습니다. 그들은 대단히 외국 소식을 듣고 싶어 했습니다. 저희들이 지치지만 않았으면 밤새껏이라도 들으려고 했을 것입니다."라고 기록·보고한 것이 그것이다. 절간 승려들의 호기심이 이러했으니 민가의 백성들은 더욱 그러했을 것이다. 즉 그들은 외국 이야기를 들려주는 것을 생활의 한 수단으로 삼아 자연스러운 민간 교류를 펼쳤다고 볼 수 있다.

또한 그들이 네델란드 동인도 회사 무역선의 선원이었음을 감안할 때 병영 억류생활 중 물물교환을 통한 상술의 전파가 병영상권에 미친 영향도 생각해 볼 수 있을 것이다. 실제로 강진에서 병영 지역은 유독 신식 문물을 빨리 받아들인 지역으로 알려져 있다. 병영 지역에서도 면 소재지에서 4.5km 떨어진 백양마을은 그 대표적인 곳이다. 병영교회와 더불어 병영 일대에서 가장 먼저 기독교가 전파된 이 마을은 그 역사가 100년이 넘는 백양교회와 금화학당(1913)이 있었으며, 일제시대에는 유학생이 수십 명에 이르렀다고 한다.

향토사학자인 김정호씨는 하멜 일행이 당시 지방 실학파의 형성과 발전에 큰 영향을 끼쳤다고 주장한다. 그 예로 그들이 떠난 지 약 70년 후에 이웃 장흥 방촌 출신의 실학자 존재 위백규(그의 실학사상은 후에 다산 정약용에게 지대한 영향을 미침)의 『존재전서(存齋全書)』에 지방에서 편찬된 책으로는 처음으로 세계지도가 실려 있음을 들고 있다. 다시 말해 그의 주장은 당시 국내외 사정으로 비추어 볼 때 세계지도의 편찬은 하멜 일행의 도움이 없었다면 절대로 불가능했다는 것이다.

또한 김태진 교수는 병영 지역에 남아 있는 하멜 일행의 흔적으로 수로(水路)의 활용, 돌담 쌓기의 형태, 그리고 나막신을 들고 있다. 즉 마을 사이로 흐르는 병영의 도랑과 그 활용 상태를 비롯하여 생선의 가시나 비늘처럼 잔돌을 서로 엇갈리게 쌓은 병영의 돌담이 네델란드 식이며 그리고 당시 그들의 행상 품목이었을 네델란드의 나무신이 조선의 나막신과 대단히 유사하다는 것이다(조선의 나막신은 일본의 '게따'나 중국의 '목리'와는 달리 네델란드의 '클로그'와 매우 닮음).

이렇듯 하멜 일행이 7년간 머물렀던 병영 지역은 우리나라와 서양의 문화 교류의 시발점이라는 차원에서 매우 중요하다. 필자도 마찬가지지만 우리는 『하멜표류기』의 역사적 중요성과 가치에 대해 익히 배워왔다. 지금도 초등학교 사회과 부도 58쪽과 중학교 국사 교과서(하편) 24쪽에는 이와 관련된 내용과 삽화가 실려 있는 것으로 안다. 그럼에도 불구하고 그들이 남긴 흔적에 대한 발굴·보존 작업에는 지금껏 등한시해 온 것이 사실이다(1980년 10월 한국과 네델란드의 우호 증진을 위해 양국이 공동으로 제주도 산방산 해안에 세운 '하멜표류기비'가 현재로선 유일한 기념비임). 특히 병영 지역에 남아 있는 그들의 흔적마저 안타깝게도 무관심과 무지 속에 아무렇게나 방치·소실되고 있다.

그러나 최근 들어 이러한 우려를 불식시킬만한 일들이 진행되고 있어 매우 다행스럽다. 1987년 3월 30일 KBS 제주방송국이 하멜 일행의 표류 경로와 조선 억류생활의 경로를 추적, 특집 다큐멘터리로 제작하여 제1TV를 통해 방송한 것을 필두로 1995년 12월 13일 전국문화원연합회 전남도지회 주최로 강진문화회관에서 열린 '하멜표류기를 통한 한국과 서양의 만남' 이라는 학술 세미나가 그것이다. 그뿐만이 아니다. 하멜의 후손을 비롯한 네델란드인들이 병영을 찾는 일이 잦고 있으며, 강진군과 하멜의 고향인 네델란드의 호르큼 시가 자매결연을 맺고 상호 문화교류와 증진에 힘쓰기로 한 바, 그 일환으로 1999년 「청자문화제」에서부터 네델란드의 민속춤이 초청·공연되어 큰 호평을 받은 바 있다. 또한 무엇보다도 강진군이 병영성 복원사업계획 안에 하멜기념관 건립과 네델란드촌 조성(성동리 76번지 일대)을 포함시킴으로써 현재 추진 중(2008년 완공 예정)에 있으며, 호르큼 시에서 하멜 동상을 제작하여 강진군에 보내오기도 했다. 이는 참으로 다행스럽고도 잘된 일이 아닐 수 없다. 특히 그들의 조상들이 숱한 고초를 겪었던 현장인지라 이곳 사람들에 대해 다소 섭섭한 감정이 있을 것임에도 불구하고 과거사를 잊고 적극적인 교류를 갈망하는 네델란드 사람들의 아량에 대해 배울 점이 많다. 이제 머잖아 네델란드촌이 들어서면 우리는 병영에서 그들의 숨결을 생생하게 느낄 수 있을 것이다.

빗살무늬 돌담과 한 골목

　병영성의 원형은 상실되었지만 아직도 병영에는 관련 유적이나 이야기가 곳곳에 그대로 남아 있다. 알다시피 병영의 역사나 지역민들의 삶은 당연히 병영성과 따로 떼어 생각할 수 없다. 이 지역 사람들은 좋든 싫든

■ **병영 한골목** 옛 정취가 물씬 풍기는 이 빗살무늬 돌담 골목은 약 1.5km에 달한다.

병영성과 애환을 함께 할 수밖에 없었기 때문이다. 군인들을 상대로 장사를 벌여 부를 축적하는 장점도 있었지만, 그로 인한 피해가 또한 오죽 했겠는가. 군역과 부역에 시달리고, 군량미를 대느라 시달리고, 군인들을 접대하느라 시달렸으리라. 어디 그뿐이랴. 병영성을 중심으로 벌어졌던 수많은 싸움에 얼마나 많은 인명과 재산의 피해가 있었겠는가. 필자는 병영을 들를 때마다 성 주변에 뿌려졌을 수많은 사람들의 눈물과 고통을 생각했고, 가을이면 황금빛으로 넘실대는 병영 들녘을 바라볼 때도 마찬가지 느낌을 지울 수 없었다. 모름지기 모든 역사의 진실은 이름 모를 사람들의 몫이다. 이제 그 흔적을 따라가보자.

병영성 주변의 명소로 먼저 꼽을 수 있는 것은 성남리에 있는 한골목이다. 성남리 118번지 제일수퍼에서 지로리 마을회관 앞까지 약 1.5km에 달하는 이 한적한 골목은 하멜 일행이 살았다는 동성마을 은행나무 부근에서 병영교회 쪽으로 30m쯤 꺾어들면 나타난다. '골목이 크고 길다'고 하여 '한골목'이라 부르는 이 골목은 병마절도사나 군관들이 말을 타고 수인산성을 순시할 때 이용했다고 한다. 이 골목은 다른 골목에 비해 담장이 높은 편인데, 이는 담이 낮으면 말 위에서 집안이 훤히 들여다보일 것을 염려했기 때문이다. 원래 말을 타고 지나다닐 정도의 좁은 비포장길이었지만 1989년 농촌개발사업으로 노폭을 4m로 넓혀 포장해 놓았다. 게다가 길을 넓히면서 한쪽 담장은 허물어버리고 블록담을 쌓아 좌우가 이질감마저 풍긴다. 차량 통행이 불편하여 어쩔 수 없었다고 한다면 할 말은 없지만, 수백 년의 역사와 추억이 서린 골목이니만큼 앞으로 원형을 보존하여 사람만 다닐 수 있도록 복원했으면 한다.

그럼에도 불구하고 한골목은 강한 흡인력을 가지고 찾는 이들을 반긴다. 비록 한 쪽이나마 옛 정취가 물씬 풍기는 담장이 길게 이어져 있고 고가들이 아직 많이 남아 있기 때문이다. 햇볕이 따스한 봄날에 천천히 이 골목길을 걷노라면 그렇게 마음이 평온할 수가 없다. 세월의 때가 켜켜이 묻어 고색창연한 빗살무늬 돌담에 기대어 서면 아련한 옛이야기들이 들려오는 듯하다. 옛날 이 골목은 윗마을과 아랫마을로 편을 갈라 줄다리기를 하였던 곳이기도 하다. 이밖에도 병영에는 병영성의 남문과 통하는 성남리, 남성리, 남문리 골목, 동삼인리 아카시아나무 골목, 솔나무 안집 골목 등 오래된 골목들이 아직 즐비하다.

조산과 관노 조산거리

한골목을 빠져나와 병영중학교 부근 성남리 삼거리(강진·장흥·영암 방면)에 이르면 '관노 조산거리'라는 곳이 있다. 이는 정씨 비석이 있는 거리를 가리키는데, 병영성에 딸린 관노(官奴)라는 기생이 경영하는 주막이 있었던 곳이라고 한다. 이 삼거리 주막은 옛날 과거를 보러가는 사람들이나 낙방하여 돌아오는 사람들이 반드시 들렀던 곳이기도 하다. 관노는 병마절도사의 후처였는데, 노자가 떨어져 이곳에 들르거나 무전취식하는 사람들에게 많은 후의를 베풀었다고 한다.

그리고 강진읍 쪽에서 병영으로 들어오다 보면 성남리 병영상고 부근에 '조산(兆山)'이라 불리는 자그마한 야산이 하나 있다. 병영성의 앞쪽이 허해서 액막이 삼아 인위적으로 만들었다 하여 '조산(造山)'이라고도 불리는 이 산이 언제 만들어졌는지 정확한 연대는 알 수 없으나 병사(兵使)와 관련하여 그 유래가 전해내려 오고 있어 여기에 소개한다.

옛날 어느 병마절도사가 부임하여 관내의 상황을 보고 받은 뒤 몹시 흥분하여, "병영 남쪽 도암에는 만덕산이 있고, 군동에는 천불산이 있으며, 장흥에는 억불산이 있는데, 어찌 병마절도사가 있는 이곳에는 이들을 능가할 만한 산이 없느냐. 이는 곧 전라병마절도사영이 있는 이곳의 위신과 체면에 관한 일로서 묵과할 수 없다"고 하였다고 한다. 그리하여 병사는 곧바로 수많은 인력을 동원하여 흙산을 만들고 풍수상 이 산을 천, 만, 억을 누를 수 있는 조산이라 이름을 지었다는 것이다.

병영 사람들은 매년 음력 6월 유두날 이 조산에서 조상의 얼을 추모하고 번영과 풍년을 기원하는 유두제를 올린다. 그리고 대부분 그 원형이 잘 보존되어 있는 이곳에는 수령이 약 300여 년이나 되는 팽나무들이 우거져 멀리서 보면 한 폭의 분재를 연상시킬 정도로 그 경관이 빼어나다. 또한 이곳에는 1989년 주민들에 의하여 세워진 '전라병영유적지비'가 있다.

일망대와 남장대

박동리 동쪽에는 일출과 일몰을 바라볼 수 있는 높이 200m의 산이 있는데 이를 '일망대(日望臺)'라 부른다. 이 일망대 밑에는 '적벽(赤壁)'이라는 암벽이 있다. 이곳은 옛날 병사와 관리들이 풍류를 즐겼던 곳이다. 세류천(細柳川)을 끼고 있어 언제나 맑은 물이 옥구슬 구르듯 흐르는 바위에는 '적벽청류(赤壁淸流)'라는 글씨가 새겨져 있다. 또한 부근에는 당시 병사들이 말을 매어두고 활을 쏘았다는 '마잔등'과 '활사장터' 그리고 호남의 갑부로 불렸던 김충식의 묘가 있다. 강진읍 출신인 김충식(1889~1953)은 현 강진농고의 설립자이자 연희의료원(연세대 세브란스병원) 설립 때 크게 기여했던 인물로 유명하다.

박동리 남쪽에 위치한 삼인리 동삼인 마을에 있는 병영양로당 자리는 병마절도사 영이 있던 시절 죄인을 심판하거나 벌을 주는 형장으로 사용되었던 '남장대(南將臺)'가 있던 곳이다. 또한 이 남장대 밑을 주민들은 속칭 '숫굿대'라 부르는 바, 이는 처형된 죄인의 머리를 잘라 긴 장대에 걸어 효수하였기 때문에 붙여진 이름이라고 한다.

1894년 동학농민군의 병영 입성 때 병영성 주변은 70% 가량 인구와 집들이 줄어들고 남장대도 이때 소실되었다. 그런데 폐영 이후로도 주민들 간에 서로 다투고 싸우는 일이 많아 뜻있는 사람들이 나쁜 습속을 바로잡고자 남장대 터에 양로당을 옮겨와 지었다. 1910년 한때 이곳을 고군면 사무소로 이용한 적이 있으며, 현재 양로당에 걸린 '관덕정'이라는 현판이 바로 남장대 현판이었다고 한다.

한편, 지로리에 있었다고 전해지는 '북장대(北將臺)'는 홈골제 저수지가 생기면서 수몰되어 그 흔적조차 찾아볼 수 없는데, 특히 죄질이 무거운 사건들이 여기에서 처형되었다고 한다.

병영의 명물 홍교

면 소재지에서 서쪽 들판으로 난 도로를 따라 1.2km쯤 가면 병영성이 생기기 전 옛 도강현의 치소가 있었다는 하고리가 나온다. 이 마을 일대(중고리 포함)가 옛 성터이자 행정 중심지였음은 『호구총수』(1789)에 '고성(古城)'으로 기록되어 있는 지명을 통해 알 수 있다. 또한 고성터·동헌터(183번지 박창래씨 소유)·옥쇠터(감옥터, 54번지 최석렬씨 소유)·빙고등(얼음창고, 69번지 양회만씨 소유)·관덕정 등의 자리가 있는 점으로 보아 재확인된다.

그리고 이 마을은 강진이나 병영에서 영암·나주·광주·서울로 이어지던 조선시대 주요 도로가 지나가던 길목이자 병영성의 출입 관문이었

■ **병영 홍교** 유한계 정승의 금의환향을 기념하기 위해 놓았다는 이 무지개다리는 그 보존 상태가 완벽한 병영의 명물이다.

다. 또 깃대봉 토마치재를 넘어온 병사 일행을 맞이하던 곳(89번지 최규순씨 소유 밭, 일명 음악밭)이었다. 지금도 병영의 남문에서 홍교를 지나 상고리를 경유하여 토마치재를 넘는 길을 '한길'이라 부른다.

면 소재지에서 하고리로 오는 중간 지점(배진강 옆)에는 '홍교(虹橋, 일명 무지개다리)'라는 아름다운 돌다리가 있다. 이 다리는 병영 출신 숭록대부 유한계(劉漢啓, 1688~1794) 정승의 금의환향을 기념하기 위해 만든 것이라고 한다. 높이 4.5m, 너비 3.08m, 길이 6.75m에 직사각형의 화강암 석재 74개로 만들어진 이 무지개다리는 특이한 축조 방식과 다리 하단부에 있는 용머리 조각의 정교함과 미려함이 다른 어떤 홍교에 비해도 손색이 없다는 평가를 받고 있으며, 지금도 그 보존상태가 거의 완벽한 병영의 명물이다.

한편, 병영 사람들은 매년 정월 보름이면 민속 행사로 이 홍교 위에서 '다리밟기'를 행했다고 한다. 다리 위를 자기의 나이 수만큼 목화씨앗을 뿌리며 걸어다니면서 한 해 동안 다리가 아프지 않고 건강하기를 기원하였다는 이 행사는 해방 후부터 그 명맥이 끊겼다.

도난당한 벅수 한 쌍

그리고 이 홍교 앞 좌우에는 병영성을 수호하기 위해 세웠다는 벅수 한 쌍이 있었다. 안타깝게도 1984년 도난당하여 지금은 흔적조차 찾을 길이 없는 이 벅수는 독특한 형상을 하고 있었다.

왼쪽 벅수는 키가 1.53m로 머리에 삿갓을 쓴 듯한 모습을 하고 있는데, 툭 튀어나온 양쪽 볼과 두툼한 입술로 인해 성난 듯 무서우면서도 친근감이 있다. 둥근 이마에 눈은 치켜 올라간 왕눈이며 코는 펑퍼짐하다. 올라간 오른손은 무기를 들고 있는 것처럼 보여 무인상이라고 하며, 왼손은 오른손을 거들어 수호신으로서의 역할을 암시하고 있는 것처럼 보인다.

오른쪽 벅수는 키가 1.67m로 왼쪽보다 약간 크며 네모진 이마를 하고 있다. 눈은 이마로 치켜 올라가 잔뜩 화가 난 모습이며, 콧잔등 양옆이 부풀어 오른 성난 모습은 누군가에게 불호령을 내릴 것 같다. 양손은 희미

하나마 팔짱을 끼고 있어 얼굴과 더불어 무뚝뚝한 무인상을 떠올린다.

대부분의 학자들은 이 두 벅수가 무뚝뚝하면서도 야무진 무인의 모습을 띠고 있는 것은 병영성과 깊은 관계가 있으며, 병영 사람들의 기본적인 의식을 표현한 것으로 보고 있다. 또한 병영 사람들은 이 벅수가 월출산의 드센 기를 막기 위한 것이라고도 하며, 아이를 낳지 못하는 아낙들이 이들 벅수에 입을 맞추면 소원성취를 한다는 말이 전해 내려온다.

지금도 홍교에 가면 벅수가 서 있었던 자리가 너무 허전하다. 강진군에서는 잃어버린 벅수를 다시 제작하여 그 자리에 세울 계획이라고 하지만 새로 만든 것이 어디 그만 하겠는가. 지금쯤 누구의 손에 의해 어디에서 눈을 부릅뜨고 서 있는지 알 수 없지만 어서 빨리 제자리로 돌아올 수 있기를 바랄 뿐이다.

계심이 논과 계심이 샘

하고리 인근 서쪽 중고리 중고마을에는 속칭 '계심이 논'과 '계심이 샘'이 있다. 이 두 곳은 병사(兵使)와 계심이라는 기생 사이에 얽힌 재미있는 이야기가 있다.

옛날 어느 병사가 계심이라는 기생을 불러 앉힌 자리에서 "너는 대체 무얼 먹고 사느냐"고 묻자, 기생이 대답하기를 "소녀에게는 가뭄에도 마르지 않는 물 좋기로 소문난 논배미가 있습니다"라고 대답했다. 이에 병사가 다시 "그러면 그 논에서 얼마나 수확하느냐" 묻자, 그녀가 대답하기를 "스물한 목(1목은 2백짐)은 수확합니다"라고 했다. "그래 그걸 너 혼자 다 먹느냐"고 물으니, "아니올시다. 나라의 세금으로 한 목을 바치고, 몸치장용으로 또 한 목을 쓰며, 나머지 십구 목으로 먹고 삽니다"라고 대답했다. 이 말을 듣고 병사가 어이가 없어 "에라 이 괘씸한 년, 그렇게 너 혼자 많이 먹고 사느냐"고 꾸짖자, 계심이가 대꾸하기를 "자꾸 괘씸한 년 하며 무시하지 마십시오. 그래도 사내라면 너나없이 저만 보면 무릎 꿇고 애원하며 고개 숙이고 달려듭니다"라고 했다. 이에 병사는 할 말을 잃고 오히려 여섯 마지기 논에다가 마르지 않는 샘까지 선물하게 되었는데, 이 때부터 이 논과 샘을 계심이 논과 계심이 샘으로 불렀다는 것이다. 지금도 이 마을에는 그 논과 샘이 있으며, 또 그 논 부근을 계심이들이라고 부른다.

강진의 명문장 해암 김응정

면소지에서 장흥으로 가는 지방도로 835호선을 따라 2.5km쯤 가면 금강천을 끼고 좌·우측으로 도룡마을과 용두마을이 있다.

도룡마을 도로변에는 '와보랑께 전시장'이 있다. 이 전시장은 향토문화애호가인 김성우씨가 민속품, 사투리, 옛 그림 등을 수집하여 병영을 찾는 사람들에게 무료로 개방한 곳. 언제라도 가족끼리 들러 구수한 사투리도 배우고 농기구 등 민속품 관람을 통해 잊혀진 옛 추억을 되살리기에 안성마춤인 곳이다.

건너편 용두마을에는 해암(懈庵) 김응정(金應鼎) 선생과 연파(蓮坡) 김병휘(金柄輝) 선생이 후학을 가르쳤던 서당 강수제(講修齊)가 있다. 강수제 주위는 풍광이 수려하기로 유명하다.

해암 김응정 선생(1527~1620)은 병영면 삭둔리에서 태어나 줄곧 향리에서 시작 활동을 펼치다 94세로 타계한 강진이 낳은 유학자요 뛰어난 시조 시인이다. 그러나 그는 살아생전 그 이름을 떨치지 못하고 사후에야 비로소 문학적 평가를 받고 있는 인물이다. 그가 당대의 문장가였음에도 불구하고 제대로 그 이름이 알려지지 않는 까닭을 두 가지로 간추릴 수 있다.

첫째는, 명리(名利)를 멀리하고 의로움을 숭상했던 깨끗한 성품을 들 수 있다. 그는 과거에 응시하지 않았을 뿐만 아니라 당시 전라감사로 있던 송강 정철의 추천으로 경릉참봉(敬陵參奉)이라는 벼슬이 내려졌으나 이를 마다하고 오로지 극진한 부모 공양과 학문 탐구에만 열중함으로써 평생 자연과 더불어 안빈낙도의 삶으로 일관했다. 또한 그는 임진왜란과 정유재란 때는 곽기수, 조팽년, 황대중, 김억추 등과 함께 강진에서 의병을 일으켰으며, 자기의 전답과 노비를 팔고 손수 소금을 구워 마련한 군량미 500석과 소금 300가마를 내놓음으로써 고경명과 조헌 장군을 도왔다. 이 지역 백성들을 위해 병영성을 다른 곳으로 옮겨줄 것을 건의하는 상소문을 올리기도 했다.

둘째는, 100여 편이 넘는다는 시조가 현재 8편밖에 남아 있지 않다는 점이다. 이는 앞으로도 그를 재조명하고자 하는 데 치명적인 걸림돌이다. 그러나 숙종 때 문장가 오이건이 그의 시조(歌曲)를 평가하기를, "선생이 지은 가곡이 자못 잃은 것이 많아서 백분의 하나도 보존된 것이 없다. 공의 평생을 본다면 충과 효를 숭상하였을 뿐이요, 가곡은 그 나머지의 일이었다. 그렇지만 그 가곡은 맑아서 잡되지 아니하였을 뿐만 아니라 진실하여 화려하지도 않고 충효의 지극한 정이 넘쳤으니 그 성정에서 까닭을 가히 알 수 있으며, 음란하거나 비속한 음악에 어찌 비교할 바 있겠는가."라고 하였다. 또한 해남의 윤두서와도 친했던 담헌 이하곤이 호남을 견문하고 쓴 『남행집』 중 「강진잡시」 제8수에서도, "백양촌에 은거하는 김처사/평생지기는 송강 정철이라네/가사가 회자되어 문명이 생존 때와 같고/관동별곡과 쌍벽을 이루네"라고 칭송할 정도로 그의 문장은 뛰어났던 것으로 보인다.

그러나 그의 유작은 안타깝게도 명종의 승하 소식을 듣고 지은 「문명묘승하작(聞明廟昇遐作)」을 비롯한 가곡 8수와 「정선대(停仙臺)」 등 시 4수 그리고 글 3편이 전할 뿐이다(양광식 번역, 『해암문집』, 1994.). 이 중 가곡 「문명묘승하작」은 국정 교과서 『고등국어·1』에 조식의 「서산일락가(西山日落歌)」로 잘못 실렸던 명편. 그 동안 원작자가 누구냐의 문제로 논란이

■ 해암가비 병영 출신 명문장 해암 김응정의 시비로 강진군민회관 앞에 서 있다.

분분했으나 결국 국내 학자들의 끈질긴 추적·연구 끝에 그의 작품임이 밝혀져 화제를 모았다.

> 삼동(三冬)애 뵈옷닙고 암혈(巖穴)의 눈비마자
> 굴음 씬 볏뉘랄 씐 젹은 업건마는
> 서산(西山)애 히지다ㅎ니 그를 셜워ㅎ노라

이에 '전국 시가비 건립 동호회'와 '해암 김응정 선생 기념사업회'가 주축이 되어 1985년 강진읍 남성리에 있는 군민회관 옆에 「해암가비(懈庵歌碑)」(글씨는 평보 서희환)를 세우고 국정 교과서를 바르게 개정하기에 이르렀다. 그의 묘소는 삭둔리에 있다.

병영의 명산 수인산

수인산(修仁山, 561m)은 그 높이에 비해 웅장하고 오묘한 산세를 지닌 병영의 명산이다. 강진과 장흥의 경계를 이루는 이 산은 산 자체가 천혜의 요새로서 고려시대부터 수인산성이 자리한 곳이기도 하다.

수인산을 오를 수 있는 코스는 4군데가 있다. 수인산성의 성문이라고 할 수 있는 동문(장흥군 유치면 대리 계곡쪽), 서문(병풍바위쪽), 남문(성불계곡쪽), 북문(병영 홈골저수지쪽)이 그것이다. 이 중 북문코스는 가파르지만 정상에 가장 빨리 오를 수 있는 곳이어서 예나 지금이나 등산코스로 가장 많이 이용된다. 원점회귀형인 이 북문코스는 홈골저수지~홈골~수인산 정상~병풍바위~수인사~홈골저수지로 이어진다. 정상까지는 약 1시간 30분이 걸린다.

  병영면 지로리 홈골저수지에 도착하여 둑을 따라가면 홈골 입구가 나온다. 입구로 들어서면 골짜기 안에 자리한 논이 보이는데, 그 논을 가로질러 골짜기를 오르면 마치 홈을 파놓은 듯 협곡을 이루는 홈골 하단부가 나타난다. 좌우로 깎아지른 듯한 절벽을 보고 있노라면 과연 수인산성이 철옹성임을 실감하게 된다. 잡목숲이 우거진 좁고 가파른 길을 헉헉대며 기어오르다 보면 홈골재에 이른다. 수인산성의 북문에 해당하는 홈골재에 올라서면 처음 산에 오른 사람은 누구나 탄성을 내지르게 된다. 산의 정상 부근에 뜻밖에 펼쳐지는 분지 때문이다. 어떻게 산꼭대기에 이러한 평원이 있을까 신기한 느낌과 함께 수인산성이 이곳에 자리하게 된 배경이 저절로 이해된다. 또한 배후에 수인산성이 버티고 있었기에 병영에 전라병영성이 자리할 수 있었던 것도 비로소 깨닫게 된다. 한마디로 수인산은 완벽한 요새다.

수인산 정상에서

  필자가 처음 수인산에 올랐을 때는 완연한 가을이었다. 산은 가을 색으로 완전무장을 했고, 홈골재 너머 평원의 경사지를 타고 수많은 억새의 군단이 하얗게 소리를 지르며 쳐들어오고 있었다.

수인산의 정상 노적봉에서 바라보는 강진 일대의 산하는 참으로 아름다웠다. 투명한 가을 하늘 아래 펼쳐지는 산과 들은 고즈넉하고도 풍요로웠다. 북쪽으로는 월출산이, 서쪽으로는 덕룡산과 주작산이, 동쪽으로는 장흥 억불산과 천관산이 그리고 남쪽으로는 부용산과 천태산이 사방에서 어깨춤을 추며 남해바다로 흘러들고 있었다. 구강포에서 시작되는 남해바다는 완도 부근의 수많은 섬들을 품에 안고 평화로웠다. 그리고 병영 일대의 들녘과 군동평야는 황금물결로 출렁거렸다. 그 옛날 수인산성에 근무하는 병사들은 이 아름다운 풍광을 내려다보며 무얼 생각했을까. 행복했을까 아니면 불행했을까. 아마 불행했으리라. 인간의 삶은 항상 이상보다 현실에 가까우니까 말이다. 더구나 이 수인산성과 산 아래 병영성에서 펼쳐졌던 피비린내 나는 싸움을 생각하면 갑자기 죄 없는 강진의 산하가 어두워지기도 하는 것이다.

노적봉에서 병풍바위로 가려면 능선의 동쪽 비탈길을 타면 좋다. 수인산성의 자취를 볼 수 있기 때문이다. 비탈길을 가다보면 능선으로 오르기 전 샘 입구 같은 것이 보인다. 이는 30여m 깊이의 장방형 인공 굴로서 옛날 성 안에 있었던 수인사의 하수구라고 하지만 왜구가 침입했을 때 성의 안팎을 연결하던 비상통로거나 적을 유인한 다음 양쪽 출구를 막아 생포하기 위한 덫 같은 역할을 했을 것으로 추측된다.

능선을 넘어서면 수인산에서 가장 그 경관이 빼어나다는 병풍바위가 나타난다. 그런데 병풍바위 한쪽 암벽에는 광양현감 등 여러 사람의 이름이 멋진 필체로 새겨져 있다. 이는 옛날 수인산성을 찾았던 사람들인 듯한데, 참으로 그 작태가 한심하기 짝이 없다. 무릇 이름을 남기고 싶으면

■ **수인산 병풍바위** 수인산에서 가장 경관이 뛰어나다는 이 바위엔 바위 이름들과 관련된 전설들이 얽혀 있다.

거기에 걸맞은 삶을 살면 될 것을 자신과는 아무 상관이 없는 무구한 자연에 오명을 새겨 어쩌겠다는 것인가. 더구나 석공을 동원하고 돈을 들여 이름을 새겼을 것을 생각해 보라. 비단 이러한 행위가 어디 이곳 병풍바위뿐이겠는가. 이 국토 어디를 가나 쓸 만한 바위나 나무 등에는 수많은 이름들이 난무하니 이것이 자연 훼손이 아니고 무엇이겠는가.

수인사와 수인산성

　병풍바위에서 내려다보면 아래쪽에 수인사가 보인다. 수인사는 조계종 22교구 중 하나인 대흥사의 말사(末寺)인데, 그 창건과 연혁에 대해서는 뚜렷하게 전하여지는 바가 없다. 그러나 1500년대 이전에 창건되어 오래 전부터 병영의 유서 깊은 사찰로서 그 역할을 다한 것으로 보고 있다. 원래는 조선시대 병마절도사가 청련암이라는 암자를 세운 것이 시초라고 전하며, 이후 100여명의 불자들이 거주할 만큼 큰 사찰이었다고 한다.

　1894년 갑오농민전쟁 때 수인산이 농민군의 피신처로 변하였고, 1905년 을사조약 체결로 다시 이 지방 의병장 심남일 장군의 활동 무대가 되자 1908년 일본군의 수인산 초토화 작전 때 법당을 포함한 암자들이 모두 불타버렸다. 그리고 1950년 6·25동란 때는 후퇴하는 인민군에게 은닉처를 주지 않기 위해 국군이 방화하여 암자가 다시 불에 탔으며, 1946년에 건립한 법당을 1970년에 중건하여 현재에 이르고 있다. 수인사에서 다시 홈골 저수지로 비탈길을 타고 내려오면 수인산의 산행은 모두 끝난다. 그러므로 수인산을 오르려면 하루는 족히 잡아야 가능하다.

　왜구의 침입을 막기 위해 축조했다는 수인산성은 언제 처음 쌓았는지는 정확히 알 수 없으나 1377년(고려 우왕 3년) 무렵으로 추정되고 있으며, 병영성을 옮겨오기 7년 전인 1410년(조선 태종 10년)에 고쳐 쌓은 전라도 남해안 지역의 가장 대표적인 산성으로 알려져 있다.

　1410년 당시 전라도 5개 산성들은 모두가 다음과 같은 필수 조건을 갖추어야 했다. 첫째, 둘레가 1,000보가 넘을 만큼 커야 한다는 점. 둘째, 산세가 높고 험해야 한다는 점. 셋째, 수량이 넉넉해야 한다는 점. 넷째, 몇 개의 고을 주민들이 한꺼번에 피난할 수 있을 만큼 입보(立保) 시설이 갖추어져 있어야 한다는 점 등이 그것이다. 수인산성은 이러한 입지 조건을 완비한 성이었다.

현재 성벽은 능선을 따라 자연 조건을 최대한 활용해 쌓아져 있다. 따라서 높은 능선 위에 쌓은 성벽 높이는 1m 내외로서 비교적 낮은 편이나 동·남·북문 부근의 낮은 지대는 4m 높이로 쌓아 올렸으며, 동문지가 위치한 계곡 입구만 방어하면 자연성벽이나 다름없었으므로 그 일대의 성벽은 1m 크기의 화강암을 이용하여 정교하게 쌓았음을 알 수 있다. 총 연장 길이는 약 6km에 달한다.

한편, 1555년(명종 10년) 을묘왜변 때 폐쇄된 것으로 기록된 수인산성은 한일합방 때 함평 출신 심남일 장군과 장흥 출신 이교민 장군이 의병을 일으켜 일본군과 싸우다 전사한 현장이며, 빨치산의 유격 거점이기도 했던 곳이다. 그러나 전라남도 기념물 제53호로 지정된 이 유적은 등산객이나 답사객들을 위한 시설이 없는 초라한 모습 그대로 방치되어 있다.

설성식당의 돼지 숯불구이

현재 병영에는 답사객이나 관광객이 머무를 수 있는 마땅한 숙박시설이 없다. 그래서 장흥읍이나 강진읍으로 빠져나가 숙식을 해결해야 하는 실정이다. 그러나 산골 특유의 맛을 즐길 만한 한정식 식당이 두 곳 있다.

남삼인리 세류교 부근에 있는 설성식당(061-433-1282)과 수인관(061-432-1027)이 그곳이다. 값이 그만큼 싸서 반찬의 종류가 강진읍의 명동식당이나 청자골 종가집보다는 다양하지 못하지만 그 맛만큼은 결코 뒤지지 않을 만큼 특별하다. 특히 숯불에 구운 돼지 불고기는 천하별미로 한 번 먹어본 사람은 그 맛을 잊지 못해 다시 찾아오지 않을 수 없을 정도다. 처음엔 기사식당 정도에 불과했던 이 식당들은 입소문이 퍼져 지금은 전국적으로 알려져 있어 예약하지 않으면 받아주질 않는다. 게다가 한 상(4인 기준 2만원) 단위로 나오기 때문에 혼자서는 들어갈 수 없다.

강진의 산간 오지 옴천

옴천면은 강진의 최북단에 자리한 산간 오지이다. 그리고 그 크기가 강진은 물론 우리나라에서도 가장 작다. 그러나 '오지(奧地)'라 하면 과거에는 교통이 불편하고 사람이 살기에 적합하지 않는 몹쓸 땅으로 통했지만, 오늘날에 와서는 오염이 안 되고 산천이 아름다워 사람 살기에 좋은 무공해 지역으로 통한다. 그래서 최근 어느 시인은 "오지는 미래다"라고까지 노래하지 않았던가. 실제로 옴천은 자연 경관이 수려하고, 맑은 물이 흐르며, 넓진 않지만 기름진 들녘이 있는 강진에서 가장 개발의 손길이 닿지 않은 곳이다. 게다가 인심이 소박하고 풍수지리상 명당이 많아 십승지(十勝地) 중 하나가 있다고 전하는 땅이다.

그러나 옴천은 강진 일대에서 한 많고 서러운 땅의 대명사로 불려왔다.

■ **설성식당의 한정식** 이 집의 돼지 숯불구이는 먹어본 사람이면 못 잊을 만큼 그 맛이 특별하다.

그리고 옴천 사람들은 어디를 가나 멸시와 천대와 놀림의 대상이었다. 그래서 양순한 옴천 사람들은 타지 사람들로부터 "옴천 촌놈", "재수에 옴 붙었다", "옴 오르겠다 저리 가라", "산중 놈 큰 데 왔네", "옴천 놈 치고 똑똑하네", "옴천 면장 할래, 목리 이장 할래" 등등의 말들을 수없이 들으며 살아왔다고 한다. 이는 옴천이 첩첩산중이고, 인구가 적으며, 면세가 약해 소외된 지역이었기 때문이다.

그리고 역사적으로도 옴천은 가혹한 수난과 피해를 입은 지역이다. 조선시대에는 병영의 직할면의 하나인 까닭에 군수품과 군량미를 대야 했고, 성을 쌓는 부역과 성을 지켜야 하는 수성의 의무로 시달려야 했다. 을묘왜변과 임진왜란 그리고 정유재란 때도 수많은 주민들이 피해를 입었으며, 동학농민전쟁 때는 병영성을 지키다가 몰살당하여 지금도 면내에는 같은 날 제사를 지내는 집이 수십에 이른다고 한다.

6·25동란 때는 특히 피해가 컸다. 빨치산의 근거지가 있었던 장흥군 유치면과 인접한 신월마을의 경우, 밤에는 빨치산의 행패와 낮에는 경찰의 진주로 시달리다 결국 경찰 입회 하에 주민들 스스로 마을에 불을 지르는 아픔을 겪었다. 이때 못살겠다고 판단한 옴천 사람들이 타지로 많이 빠져나가 지금도 어떤 마을은 50년 이상 거주한 주민이 아예 없는 곳도 있다고 한다. 그 당시의 처참한 상황에 대해 옴천 출신 고 김기삼 교수(전 조선대 총장)는 『강진군 마을사—옴천면 편』에서 다음과 같이 술회하고 있다.

> 빨치산 대원들에게 재산을 빼앗기지 않으려고 소를 키우는 사람들은 그 혹한에도 외양간을 버리고 산속 아니면 대밭으로 소를 몰고가 소와 같이 자며 추위에 떨던 옴천 농민들…. 곡식을 감추느라 고생고생하다 들이닥친 밤손님에게 들켜 곡식에서부터 소, 돼지, 닭, 고추장, 된장, 김치들을 짊어지고 땅재나 유치, 금성마을의 국사봉까지 밤새도록 짐을 날라다주고 왔다고 하여 경찰들이 부역으로 몰아세우고 또 통비자라 하여 수사당하고, 매맞고, 밤에는 죽지 않으리고 부역 당하고, 이런 악순환이 몇 년만에야 끝났던가.

'옴내'로 불리는 '옴천(唵川)'이라는 지명은 이 면의 들녘을 적시며 흐르는 맑은 시내를 가리킨다. 월출산의 지맥인 활성산에서 발원한 제비내

(燕川)와 깃대봉에서 발원한 세류천이 오추에서 합류하여 장흥 유치의 탐진강으로 흐른다. 우리나라에서 이 '옴(唵)' 자가 들어간 지명은 옴천이 유일하다. 원래 이 '옴(唵)'은 범어 'AUM'의 음역자로서 헤브라이어의 '아멘'과 같은 불교의 신성어이다. 그래서 반야심경의 첫 소리는 '옴(AUM)'으로 시작해서 '사바하(SVAHA)'로 끝나며, 진리의 형성을 뜻하는 창조·유지·파괴로 해석된다. 이는 옴천이 신성한 지역으로 조용하고 맑은 물이 있어 고승들이 불경을 외우고 참선할 수 있는 최적지라는 데서 비롯된 것으로 보인다. 옴천은 이른 바 절터골이었던 인근 성전 월출산 기슭의 배후에 있으며, 사동이나 좌척마을 등 곳곳에서 사찰의 흔적이 발견되는 것으로 보아 절과 깊은 관련이 있었던 것으로 추정되고 있다.

눈물의 고개 귀활재

옴천 가는 길은 두 갈래가 있는데 모두 고개를 통해야 한다. 광주에서 올 때면 월출산 풀치를 지나 청풍저수지 머리맡에서 좌회전하여 돈밭재(錢田峙)를 넘는 길과 병영에서 갈 때면 지방도로 835호선을 타고 귀활재(일명 기알재)를 넘는 길이 그것이다.

필자는 항상 옴천에 갈 때면 병영에서 귀활재를 넘는 길을 택한다. 그래야 병영의 예속 지역으로서 옴천이 제대로 이해가 되기 때문이다. 특히 병영성에 잡혀가 죽도록 두들겨 맞고 겨우 이 고개에 이르러 살아서 돌아간다는 사실을 확인했던 귀활재는 옴천 사람들에게 있어서는 한이 서린

■ **기알재 약수터** 병영성에 잡혀가 죽도록 얻어맞고 겨우 '살아서 돌아간다'는 뜻을 담고 있는 이 고개는 옴천 사람들의 한이 서린 눈물의 고개이다.

눈물의 고개이다. 얼마나 많은 사람들이 이 고개를 넘나들며 피눈물을 흘렸을 것인가. 필자는 시원한 약수가 눈물처럼 솟아나는 정상 부근 '기알재 약수터'에 차를 세우고 병영과 옴천을 번갈아 내려다보며 불쌍한 옴천 사람들을 생각했다. 그리고 옴천은 강진의 다른 지역에 비해 유독 특별한 문화 유적이 없는 곳이다. 그래서 문화적으로도 소외된 지역이라는 인상을 지우기가 어렵다.

옴천 토하젓과 맥우

옴천은 심산유곡에서 흘러나오는 맑은 물로 인해 토하(민물새우)가 많이 나기로 유명한 곳이다. 이 지역 어디를 가나 도랑이나 개천·논·저수지 등에서 토하가 잡힌다. 특히 옴천 토하는 맑은 물과 사질 토양으로 인해 흐린 냄새가 나지 않아 조선시대에는 궁중의 식단에 올랐던 별미이기도 하다. 토하는 물이 오염된 곳에서는 절대 서식할 수 없는 예민한 생물인지라 양식으로만 생산이 가능한 정도여서 현재로선 미량이나마 옴천이 국내 자연산 토하의 유일한 산지라고 해도 과언이 아니다.

그러나 1960년대 이후 화학비료와 농약의 사용으로 물이 오염되기 시작, 논이나 도랑의 토하는 거의 사라졌고 계곡 상류나 저수지(좌척·영산·연봉·동막·죽림 등 5개 저수지)에서만 잡히게 되자, 1991년부터는 인공 양식장을 개설하여 기르는 사업으로 전환하고 있다. 그리하여 1993년에는 특허청으로부터 '옴천 토하젓'이라는 공식적인 브랜드로 1리터 꿀병으로 400여 개를 생산·출하하고 있으나 워낙 생산량이 부족하여 그 수요를 따르지 못하고 있는 실정이다. 또한 희귀한 만큼 값도 비싸 1리터 꿀병 1개당 절임용은 8만원, 가공용은 5만원을 받고 주로 선물용으로 판매되고 있다.

옴천은 또한 알콜 성분 사료를 먹여 기른 최고급 육질의 맥우(麥牛)를 생산하고 있는 고장이다. 영산리 장을재씨를 중심으로 시작한 이 맥우 사육은 "비육우 끝마무리에 알콜 성분을 먹이면 육질 개선의 효과가 있다"는 정보를 이용한 것으로 소를 도축하기 전 약 220일간 알콜 성분의 사료를 먹인다. 이 맥우 고기는 선홍색의 색상에 지방 조직이 고루 분포하고 있으며 육질이 연하고 노린내가 거의 나지 않는 것이 특징이다. 이 맥우는 1991년부터 상표 등록을 마친 뒤 서울 글로리아 백화점에서 선풍적인 인기를 모으며 판매되고 있다.

II

탐진권耽津圈 문화기행

탐진권 문화 개관

강진의 남부에 속하면서 바다와 접하고 있는 탐진권(군동·강진읍·도암·신전·칠량·대구·마량면)은 백제시대 동음현, 통일신라시대 이후 탐진현에 속했던 지역이다. 조선시대 1417년(태종 17년) 도강현과 탐진현이 강진현으로 통합되어 그 행정 소재지를 도강과 탐진의 중간인 고현산성으로 하였다가 12년 후인 1429년(세종 11년) 도강의 송계로 옮겼다. 그리고 46년 후인 1475년(성종 6년) 다시 탐진의 옛터로 그 치소를 옮긴 이후 현재에 이르기까지 강진읍은 530년 동안 강진의 중심지로서 역할을 수행하고 있는 셈이다. 강진읍을 중심으로 한 탐진권은 현재 강진문화답사 유적의 대부분이 몰려 있으며, 도강권에 비해 상대적으로 그 면적이 넓다. 그렇지만 고려시대 이전까지는 그 반대였음을 감안할 필요도 있다. 따라서 도강권의 중심이었던 병영 일대의 문화 유적이 복원되고 나면 이 두 권역의 문화답사지로서의 비중이 서로 균형을 이루게 될 것이다.

탐진의 옛터 강진읍성

강진읍은 와우형국의 보은산(북산)을 중심으로 동쪽에는 금사봉·부용산·천태산이, 서쪽으로는 만덕산·서기산·덕룡산·주작산이, 북쪽으로는 월출산·수인산이 옹위하고 있으며, 가운데로 탐진강이 유유히 흘러 내륙 깊숙이 들어온 남해와 만나는 천혜의 명당에 자리하고 있다. 강진의 지형을 여인의 하체로 보았을 때 자궁 한복판에 자리하고 있는 곳이 바로 강진읍이니 가히 '편안한 나루터'라 할 만하다.

■ **강진읍 전경** 뒤로는 와우형국의 보은산이, 앞으로는 탐진강이 흐른다.

그러나 강진읍이 이렇듯 남쪽으로 문을 열어 바다와 통하고 있는 만큼 일찍이 바다와 육지를 연결하는 통로 역할을 할 수 있었던 반면 왜적의 침입이 잦아 그 피해가 매우 컸다는 점도 역사적인 사실을 통해 확인된 바다. 그래서 전라병영이 병영에 들어서지 않았던가. 이렇게 볼 때 당시 강진현성은 만리성(대구면~장흥군 대덕읍)·마도진(대구면 마량리)·달량진(해남군 남창리) 등과 함께 병영성을 지키기 위한 전초 기지 역할까지 수행했을 것으로 추측된다.

그렇다면 당시 강진현의 치소가 있었던 강진읍성(강진현성)은 언제 어디에 자리했으며 그 규모는 어느 정도였을까.『동국여지승람』에 따르면, 강진읍성은 1475년(성종 6년) 치소를 도강의 송계에서 탐진의 옛터(현 강진읍성터)로 옮길 무렵 쌓았으며, 그 규모는 둘레 6,082척, 높이 9척이었다고 되어 있다. 그리고 부속시설로 우물이 8개, 연못이 1개였다.

그러나 강진읍성은 그 후 두 번 개축하여 그 둘레가 줄었음을『강진읍지』(1871)를 통해 알 수 있다.

> 1475년(성종 6)에 쌓았는데 정유난(1597년, 선조 30) 때 무너졌다. 1651년(효종 2)에 신유(申劉)가 개축하여 그 동쪽이 줄어들었다. 신미년(1871년, 고종 8)에 현감 이종서(李鍾緒)가 또 개축하고 동·서·남문을 세웠다.

이 기록에 따르면, 원래의 강진읍성은 정유재란 때 파괴되어 54년 후 신유가 동쪽 성벽을 줄여 쌓은 것을 알 수 있는데, 이 사실 역시 와우형국과 관련된 기록인지라 흥미롭다. 당시 현감으로 부임한 신유는 지방 이속들의 억센 기운을 누르기 위해 동문샘 밖에 있던 동쪽 성벽을 샘에서 약 200m 안쪽으로 끌어들여 개축함으로써 소의 왼쪽 눈의 위치를 성 밖으로 몰아냈던 것이다. 그리고 강진읍성의 문이 3곳으로 나와 있으나 원래는 4곳(북문 포함)이었음이 『동국여지지』, 『대동지지』, 『증보문헌비고』 등에서 확인된다.

성터의 위치는 동문은 동문안샘 부근, 서문은 서문정 부근, 남문은 시장통 부근 그리고 북쪽 성벽은 북산공원 바깥쪽으로 추정되나 현재 그 흔적으로 북쪽 성벽과 동문이 위치했던 곳의 주춧돌 등이 남아 있을 뿐이다. 또 우물은 대부분 남아 있으나 그 중 1~2곳 정도만 이용되고 있으며, 연못은 1967년 매립하여 어린이 공원이 들어섰다. 그리고 지금의 군 청사가 들어선 곳이 동헌 자리이다.

영랑 동상과 다산 동상

강진은 영랑 김윤식의 고향이자 다산 정약용의 유배지로 통한다. 한국이 낳은 빼어난 서정시인과 최고의 학자요 사상가인 이 두 사람의 이름은 따라서 고려청자와 함께 강진의 대표적 상징으로 직결된다. 이들의 시와 학문을 있게 한 곳이 다름 아닌 강진땅이기 때문이다. 그러므로 강진땅은 그들의 문학과 학문을 풍요롭게 살찌운 어머니인 셈이다. 영랑과는 달리 다산은 외지인으로서 비록 죄인이라는 서러운 이름표를 달고 살았지만 그의 학문적 성과를 집대성할 수 있도록 감싸 안은 곳은 분명 강진땅이다.

■ 다산 동상(좌) · 영랑 동상(우) 다산과 영랑은 강진 사람들의 자존심으로 통한다.

영랑과 다산에 대한 강진 사람들의 애정은 각별하다. 특히 이곳 태생인 영랑에 대한 애정은 각별하다 못해 끔찍할 정도라고 해도 과언이 아니다. 영랑이야말로 강진 사람들의 철통 같은 자존심이다. 강진읍 어디를 가나 그의 이름이 나부낀다. 빌라에서부터 슈퍼에 이르기까지 그의 이름을 딴 간판들이 곳곳에 즐비하다. 얼마 전에는 그의 이름을 붙인 '영랑로' 가 강진읍의 한복판을 관통하며 개설됐다. 자기 고향 출신을 아끼고 사랑하는 마음은 크면 클수록 좋은 일이다. 더구나 영랑은 생의 대부분을 강진땅과 함께 하지 않았던가. 그러나 자랑이 지나쳐 그 이름을 아무렇게나 남용하는 것은 외지인들에게 자칫 혐오감을 줄 수도 있음을 염려하지 않을 수 없다.

　아무튼 강진을 찾는 이들이라면 누구든 영랑과 다산의 이름을 피하여 강진에 들어오거나 빠져나갈 수 없다. 실제로 강진읍으로 들어서는 동쪽(영랑 동상)과 서쪽(다산 동상) 길목에 우뚝 서서 외지인들을 맞고 있는 그들의 동상을 보라.

　1979년 11월 29일 다산·영랑 동상건립추진위원회가 두 분의 뜻을 기리기 위해 건립한 이 동상들은 그러나 이곳 출신 주전이 시인의 주장대로 서로의 위치가 바뀌었다는 느낌을 지우기 어렵다.

　원래 다산이 강진으로 유배왔을 때 처음 당도한 곳은 동성리 동문 밖이었다. 그는 그곳에서 '사의재'라는 당호를 내걸고 4년 동안 머물다가 보은산 고성사로 옮겨갔다. 따라서 그의 동상은 강진읍 동쪽 길목에 세우는 것이 더 의미가 있다. 그리고 영랑 동상은 서성리 낙하정 부근이 그의 생가에서 가까운 생활 터전이자 시상이 깃든 곳이므로 강진읍 서쪽 길목에 세우는 것이 적합하다. 그러나 이 계획은 서쪽이 다산초당으로 가는 입구라고 하여 정반대로 변경되었다. 물론 그렇다고 하여 무슨 큰 문제가 야기되고 있는 것은 아니다. 하지만 이는 누구를 더 대접하느냐의 문제를 떠나 적합성 차원에서 재검토가 필요하다고 할 것이다. 특히 영랑 동상은 너무 엉뚱한 곳(군동면 호계리)에 서 있기 때문이다. 따라서 영랑 동상을 기왕에 개설된 영랑로 부근(남성리)으로 옮기고, 병영으로 통하는 길목인 그 자리엔 해암 김응정 선생의 동상을 세워도 좋을 것이다.

영랑의 시와 영랑 생가

 강진읍에 들른 답사객들이 가장 먼저 찾는 곳은 영랑 생가일 것이다. 강진읍 남성리 탑동에 있는 영랑 생가는 영랑 김윤식이 1902년 출생 때부터 1948년 9월 가족을 이끌고 서울로 이주하기 전까지 46년의 세월을 묻었던 곳이다.

 무엇보다 영랑 생가는 영랑 시가 태어난 중심 현장이다. 해방 이후에 창작된 후기시 몇 편을 제외한 거의 모든 시가 이곳에서 탄생했다. 그러

■ **영랑 생가 안채** 5월이면 모란꽃이 활짝 피어 향기가 일대에 진동한다. 뒤편으로 동백나무와 대숲의 일부가 보인다.

므로 향토성이 짙은 그의 시는 향리 강진의 아름다운 자연 경관과 그의 생가의 풍물에서 결코 자유롭지 못하다. 따라서 영랑 생가를 찾는 일은 그의 시적 현장을 만나는 일로 통한다.

그러면 구체적으로 시적 현장을 하나씩 둘러보자. 먼저 생가에 들어서기 전 만나는 구부러진 돌담은 시 「돌담에 속삭이는 햇발」의 현장이며, 그 돌담들이 늘어선 골목 일대는 시 「제야(除夜)」의 정취가 묻어나는 곳이다. 따사로운 봄날에 들러 햇살이 돌담에서 놀고 있는 양을 보고 있노라면 누구나 입가에서 "돌담에 속삭이는 햇발같이"가 저절로 튀어나온다. 또한 세모의 어느 저녁에 오래된 돌담골목을 천천히 걸어서 가보라. 섣달 그믐날밤의 옛 정취가 애틋하게 되살아날 것이다.

안채 옆 장독대와 부근의 감나무는 전라도 사투리를 감칠맛 나게 구사한 시 「오매, 단풍들것네」의 현장이다. 영랑은 백석(평안도)·박목월(경상도)과 더불어 전라도 사투리를 가장 효과적으로 활용한 시인으로 꼽힌다. 예를 들어 위의 시를 표준말로 바꾸어 읽어보면 "어머, 단풍들겠네"로 그 시적 감흥이 전혀 달라지고 만다. 여기에 독특한 전라도 사투리의 묘미가 있다. 그러나 전라도 방언 중에서도 전남과 전북이 다르고, 또 전남 방언 중에서도 각 지역마다 조금씩 그 차이가 있다. 그러니까 이 시에 나오는 전라도 사투리("오매", "골불은", "들것네") 중 가장 핵심적인 "오매"라는 감탄사는 강진 방언이 아니라고 한다. 이 시어의 순수 강진 방언은 "웜매"로서 "워매"·"앗따매" 등과 함께 쓰이며, 더 큰 충격을 받았을 때는 "오매매"를 쓴다. 그래서 영랑도 산문 「남방춘심·3」에서 "전라도서도 이곳 말이란 것이 처음 듣는 이는 아직 말이 덜 되었다고 웃고, 자주 듣는 이는

■ **영랑 생가의 모란** 영랑은 생전에 모란을 끔찍하게 사랑했다. 그래서 대표작도 「모란이 피기까지는」이다.

간지러워 못 듣겠다고 얼굴에 손까지 가리운다. …중략…. 통틀어 여기 말이라기보다 토정(吐情) 같으나 타도 말인들 의사 표시에 그치기야 하느냐마는 보다 더 토정일 것 같다. 우리가 등이 가려우면 긁고 꼬집으면 아야야를 발음하는 것과 그리 거리가 없는 말일 것 같다. 여자의 말이 더욱 그러하다. 〈잉-이응-오〉 하는 부정어가 어디 또 있는가" 라며 이곳의 독특한 말맛을 설명하고 있음을 본다. 그러나 아쉽게도 시 속에서 "골불은 감잎"을 날려 보내던 늙은 감나무는 자취를 감춘 지 오래고, 지금 있는 자그마한 것은 생가 복원 때 이식한 것이라고 한다.

그리고 장독대 옆 모란밭은 대표시 「모란이 피기까지는」의 현장이다. 당시 이곳에는 수십 년 묵은 모란(전라도말로 목단)이 여러 그루 있었다고 한다. 그러나 하나도 남아 있지 않아 복원 때 모두 이식한 것들이며, 사랑채 옆 정구장터의 모란밭도 임의로 조성된 것이다. 시 속에서도 드러나지만 영랑은 살아생전 유독 모란꽃을 아끼고 좋아했다고 한다. 그런데 이 시가 창작된 배경을 두고 해석이 분분하다. 나라 잃은 슬픔과 광복을 기다리는 마음을 모란에 실어 표현했다는 것이 학자들의 일반적인 견해이나, 혹자는 무용가 최승희와의 결혼이 이루어지지 않자 자살까지 기도한 이후의 참담한 심경을 노래한 것이라고 보는 견해가 그것이다. 전자는 공적으로 치우친 해석이요, 후자는 사적으로 치우친 해석이라 할 수 있다. 그러나 시인의 의식과 감정에는 공과 사가 복합적으로 겹쳐 있다고 볼 때, 이는 둘 다 일리가 있는 주장이로되 어느 쪽도 정답은 아니다. 시의 해석에는 무슨 딱 부러진 정답이 있을 수 없기 때문이다. 오히려 영랑 시의 밑바닥을 복합적으로 지배하고 있는 상실감을 표현한 것이라고 보아야 더 타당하다.

영랑이 가장 사랑했다는 5월이 오면 영랑 생가에는 처녀 얼굴 크기의 화사한 모란꽃들이 활짝 벙근다. 그것들이 향제의 뜨락을 환하게 밝히고 사방으로 향기를 날려 퍼뜨려서 벌과 나비를 불러 모은다. 그 향기가 어찌나 진한지 머리가 어지러울 지경이다. 아마 모란꽃 향기는 영랑 시의 향기인지도 모른다. 그 향기를 맡고 천지의 문학 애호가들이 이곳을 찾지 않은가. 그러므로 영랑 생가의 분위기를 제대로 만끽하려면 모란이 피는 5월 초에 와야 한다. 그 화사하기 이를 데 없는 모란은 절세미인처럼 도도하고 목숨이 짧아 준비 없이 찾아오는 이를 아무 때나 반기지는 않는다.

영랑 생가의 뒤란 언덕을 채우는 것은 대나무숲과 늙은 동백나무들이다. 그 중 동백나무는 데뷔작인 「동백잎에 빛나는 마음」의 현장이다. 물론 영랑 생가 이외에도 강진은 어디를 가나 쉽게 동백나무를 볼 수 있다. 옛날에는 집집마다 적어도 한 그루씩은 이 나무가 있었다고 한다. 그래서 영랑은 그의 산문 「감나무에 단풍 드는 전남의 9월」에서 "나는 내 고향이 동백이 클 수 있는 남방임을 감사하나이다"라고 고백하고 있다. 옛날에 그 꽃은 전통혼례식의 단골 화환으로 그리고 까만 열매는 머릿기름의 원료로 쓰였다. 우리네 여인들의 삼단 같은 머릿결을 번지르르하게 윤을 내주던 것이 바로 동백기름 아니었던가. 원래 영랑 생가 뒤란에는 이 나이 먹은 동백나무들이 수십 그루 있어 대나무와 함께 사시사철 푸르렀다고 한다. 그러나 '인공' 때 좌익 청년들이 대밭에 불을 질러 거의 타 죽고 서너 그루만이 겨우 남아 있다.

다른 지역의 동백나무들이 대개 4월이 다 되어서야 꽃을 피우는데 반해 강진의 동백나무들은 해양성 기후의 영향으로 2월 말이면 꽃을 달기 시작하여 3월 중순이면 절정을 이룬다. 그런가 하면 어떤 것들은 일년 내내 무시로 빨간 꽃을 달고 있다. 그 윤기가 자르르 흐르는 동백나무 이파리마다에 아침 햇살이 와 닿으면 "빤질한 은결"이 어린 아이들의 웃음처럼 깔깔거리는 것이다. 그 빤질한 은결은 영랑의 마음속으로 투사되어 "끝없는 강물"로 굽이치면서 유미주의에 눈을 뜨게 한다. 따라서 영랑의 맑고 섬세한 감성은 동백나무를 비롯한 강진의 자연 경관이 키운 것이다. 영랑은 대숲의 곧고 소슬한 정신보다는 동백이나 모란의 풍융한 아름다움을 더 사랑했다.

그리고 안채는 「집」, 사랑채는 「북」의 현장이다. 특히 「북」은 남도 가락의 멋과 여유를 시로써 제대로 승화시킨 절창이다. 영랑은 음악에 대단히 조예가 깊었다고 한다. 원래 그는 동경 유학 때 양악(성악)을 전공하려다 부친의 완강한 반대로 영문학으로 바꿔 문학의 길로 들어섰다. 그러나 서울에서 무슨 음악회가 열렸다 하면 천리 길을 마다 않고 전답을 팔아 올라가야 직성이 풀릴 만큼 양악에 관심이 많았다. 그런가 하면 남도 가락 특히 판소리나 육자배기는 수시로 그의 사랑채 툇마루에 명창들을 불러들여 즐길 만큼 좋아했다. 당시 그의 사랑채를 자주 드나들던 명창들이 바로 임방울·이화중선·이중선 등이다. 그는 이들에게서 소위 '촉기(燭氣, 애이불비의 기름지고도 생생한 기운)'의 미학을 배웠다고 한다. 또 그는 거구에 어울리지 않게 음색이 고와서 이따금씩 밭둑을 거닐며 노랠 부르면 아낙네들이 아예 일손을 놓을 정도였으며, 특히 북 치는 솜씨만큼은 웬만한 고수들도 혀를 내둘렀다고 한다. 이는 영랑 시의 한 특징인 음악성이 어디에 근거하고 있는가를 단적으로 보여준다.

그는 또 「두견과 종다리」라는 산문에서 두견과 꾀꼬리를 좋아하면서도 5월 종다리의 노래 솜씨를 최고로 쳤다. "…5월도 늦어야 이놈이 노래한다. 물가에서나 산골에서나 밭이랑에서나 각각 멋대로 사는 종다리. 밭이랑에서 사는 놈이 사람의 발치에 가장 많이 쫓기는 놈이다. 두견같이 서럽지 않고 꾀꼬리같이 황홀하지 않아 잔잔한 물소리나 다를 바 없는 그 노래는 가장 알맞는 이 5월의 표징이라 할 수 있다"고 한 것이 그것이다. 그러나 그는 두견과 꾀꼬리를 시 속에 더 많이 끌어들였다. 또한 실제로 그의 삶은 종다리처럼 서민적이기보다는 꾀꼬리처럼 귀족적인 풍모에 더 가까웠다 하리라.

이 밖에 안채 마당 앞에 있는 우물은 「마당 앞 맑은 새암을」의 현장이고, 영랑이 19살 때 심었다는 사랑채 앞의 커다란 은행나무는 「아파 누워 혼자」의 현장이다. 이렇듯 영랑 생가는 남도의 큰 서정시인 한 명을 기를 만한 풍물과 정취를 두루 갖추고 있었으니 그의 표현대로 "여기는 먼 남쪽 땅 너 쫓겨 숨음직한 외딴 곳"(「두견」)이기도 했지만, 그만의 왕국이기도 했던 것이다.

한편, 강진군에서는 2006년부터 모란꽃이 활짝 벙그는 4월말에서 5월초에 맞춰 이곳에서 '영랑문학제'를 개최할 예정이다.

영랑의 인간적 풍모

영랑 김윤식은 1902년 강진의 5백석 지주 김종호의 장남으로 태어나 강진보통학교(현 중앙초교)와 휘문의숙(현 휘문고)을 거쳐 동경 청산학원 영문과를 중퇴했다. 1919년 휘문의숙 재학 때 독립선언문을 구두 안창 밑에 감추고 고향에 내려와 강진의 독립운동을 주도하다 검거되어 대구형무소에서 6개월간 복역하였고, 1920년 동경 유학 시절 혁명가이자 무정부주의자인 박열과 같은 방에서 하숙하다가 1923년 9월 관동 대지진으로 학업을 중단하고 귀국했다. 1919년 3·1운동 직후 김현구·차부진·김길수 등과 강진에서 《청구》라는 문학동인지를 발간하다가, 1930년 동경 유학 때 사귄 박용철과 함께 동인지 《시문학》 창간을 주도했다. 1945년 해방이 되자 대한독립촉성회 강진군 단장을 맡았고, 1948년 초대 국회의원 선거에 출마하였으나 낙선하여 서울 성동구 신당동으로 이주, 1949년 8월부터 약 7개월간 공보처 출판국장을 역임했다. 1950년 한국전쟁 발발로 복부에 파편을 맞고 쓰러져 9월 29일 48세를 일기로 세상을 떠났다.

위의 내용은 영랑 김윤식의 생애를 간추린 것이다. 그러나 이러한 약식 연보만으로는 영랑이라는 시인의 참모습을 제대로 파악하기 어렵다. 그는 우리의 선입관과는 달리 여러 가지로 다른 면모를 지녔던 시인이다. 그래서 필자는 영랑 생가를 찾는 답사객들의 이해를 돕기 위해 여러 자료들을 종합하여 지금까지 감추어져 있거나 잘못 알려져 있는 점 몇 가지를 소개하려 한다.

첫째, 그의 외모와 심성에 관한 것이다. 그는 남성적이고 호방한 풍모를 지닌 시인이었다. 흔히 사람들은 섬세하고 여성적인 시풍만 보고서 그가 여자처럼 곱상하고 가녀린 외모를 가졌을 것으로 생각하는 사람이 많다. 그러나 그는 이러한 선입관과는 정반대였다. 기록에 따르면 그는 당시로서는 큰 키(172cm)에 건장한 체격 요건을 갖추고 있었으며 스포츠에 만능이었다고 한다. 휘문의숙 시절 축구선수였고, 명절이면 벌어지던 강진 씨름판의 단골 손님이었으며, 생가 한쪽에 정구장을 설치하고 소위 '론 테니스'를 즐길 만큼 스포츠광이었다. 더욱이 40세 이후에는 거구로 통할 만큼 몸이 불어났다고도 한다. 게다가 시를 쓰지 않았다면 분명 음악 방면으로 대성했을 풍류가객이었다. 앞에서도 언급한 바 있지만 그는 원래 성악을 전공하려 했었고, 아예 집에다가 북, 장구, 거문고, 가야금, 축음기, 각종 음반 등을 구비하고 수시로 명창들을 불러다 우리 가락을 듣고 익혔으며, 서울에서 무슨 음악회가 열린다 하면 만사를 제쳐놓고 올라갈 만큼 음악에 관심과 열의를 보였다. 시와 음악이 다르지 않다는 평소 그의 문학관을 보여준 셈이다. 이 점은 결국 '시문학파'의 문학적 방향으로 직결된다. 그러나 이러한 외적인 풍모의 이면에는 비단결 같은 섬세성과 처녀 같은 순수성이 감추어져 있었으며, 불의를 보면 결코 참지 못할 만큼 의협심이 강할 뿐만 아니라 자기주장은 끝까지 관철하고야 마는 고집불통의 소유자였다. 그리고 그는 선친으로부터 물려받은 가산이 많아 가난을 모르고 살았다(실제로 그의 시에는 가난과 관련된 시어나 내용이 거의 없음). 그러나 불쌍하고 가난한 이웃을 위해 식량을 나누어주고 소작료를 감해 주는 등 따뜻한 인간미를 베풀었다고 한다.

둘째, 그의 정치적 성향에 관한 것이다. 앞에서도 말했다시피 그는 일강점기에 강진의 3·1만세운동을 주도할 만큼 독립운동에 열성적이었다. 그리고 해방이 되자 정치에 본격적으로 손을 대기 시작한다. 강진에서 보수우익운동을 주도하면서 대한독립촉성회 선전부장과 강진대한청년단장을 지낸 그는 1948년 5월 10일 초대 민의원 선거에 이승만당으로 출마하였으나 낙선한다. 타 후보에 비해 월등한 학력과 가문을 자랑하던 그가 예상 밖으로 최하위를 차지한 것은 반드시 강진 사람들로부터 민심을 못 얻었다기보다 당시 좌익 세력이 강했던 이곳에서 보수 우익을 표방한 데 결정적 요인이 있었던 것으로 보인다. 그는 당시 마량에서 선거 유세 중 좌익들의 난동으로 죽을 고비를 맞기도 했다. 낙선 이후에도 좌익 청년들의 끊임없는 괴롭힘을 받던 그는 견디다 못해 집을 넘기고 서울로 이주하게 된다. 그의 정치 지향적 성향은 시적으로도 파탄을 맞게 된 계기가 된다. 실제로 그는 해방 이후 정치에 입문하면서부터 시창작과는 거리가 멀어지게 되며, 이따금씩 발표했던 작품들도 초기시의 품격을 완전히 잃고 현실참여적 산문시로 전락하게 된다. 한마디로 정치 지향의 명예욕으로 인해 시와 목숨을 동시에 잃게 된 것이다. 이는 한국현대시사의 측면에서 볼 때 실로 안타까운 일로서 그가 「모란이 피기까지는」에서 그토록 슬픔 속에 기다렸던 것이 과연 무엇이었던가를 의심케 만들기도 한다. 물론 나라와 민족을 위해 현실 정치에 뛰어들었다는 명분을 이해 못하는 것은 아니나 정치는 꼭 그가 아니라도 할 사람이 많으므로 시를 써서 애국했어야 옳았다. 필자가 보기에 이 점은 영랑의 생애에 있어 치명적인 약점으로 통한다고 하리라.

셋째, 그의 여성 편력에 관한 것이다. 그 당시 문인치고 여성 편력이 없는 사람이 어디 있으리오만 영랑은 다소 심했던 것 같다. 그는 서울 기독교청년회관에서 영어를 배우던 14세 되던 해에 장남의 조혼 풍습에 따라 강진읍 도원리 김 검사의 딸 16세 김은하와 결혼한다. 그러나 첫 부인인 김은하는 당시 동남아 일대에 만연하던 유행성 감기에 걸려 결혼한 지 2년만에 세상을 뜬다. 비록 철모르던 나이에 아버지의 권유에 못 이겨 결혼했지만, 그는 미인인데다가 누나처럼 포근한 첫 부인을 몹시 사랑했다고 한다. 따라서 그녀의 죽음은 어린 영랑에게 커다란 충격으로 다가오면서 그의 시심 속에 어두운 그늘을 드리우는 계기가 된다. 「님 두시고」·「그 색시 서럽다」·「쓸쓸한 뫼 아페」 등이 그녀의 죽음과 관련된 시들이다. 첫 부인을 사별한 영랑은 2년 후인 18세 때 이화여전을 나와 그의 집에서 하숙하던 강진보통학교 여교사인 미모의 마재경과 열애에 빠진다. 그러나 그녀와의 사랑은 영랑이 일본 유학길에 오르면서 오래 가지 못하고 끝을 맺는다. 관동대지진으로 학업을 중단하고 귀국한 그는 22세 되던 해 서울을 오르내리면서 정지용 등 문우들과 태화관 등에서 친교를 맺는 동안 최승일의 누이 동생인 숙명여학교 2학년 최승희(나중에 조선 무용계의 여왕이 된 그녀는 좌파 문인인 안막과 결혼 후 월북)와 약 1년 간 목숨을 건 사랑에 빠진다. 영랑의 여동생 김순례씨의 증언에 따르면, 당시 그는 1년 중 6개월은 서울에서 머물렀다고 한다. 그러나 최승희와의 사랑도 양가 부모들의 반대에 부딪쳐 결실을 맺지 못한다. 영랑의 집안에서는 "그런 경성의 신여성은 우리 가문에 필요 없다"는 이유로, 최승희의 집안에서는 영랑의 지방색을 들어 각각 반대했다고 한다. 이때 영랑은 실연의 충격을 못 이긴 채 생가의 동백나무에 목을 매고 자살을 시도했으나 다행히 발각되어 목숨을 건진다. 그리하여 영랑은 그 다음 해 숙부의 중매로 개성 호수돈여고를 나와 교편생활을 하던 김귀연과 재혼한다. 동아일보 사장 송진우의 주례로 개성에서 결혼식을 올린 이들은 이후 슬하에 7남 3녀를 두게 되니 김귀연은 호적상 본부인이 된 셈이다.

넷째, 그의 저항시인으로서의 풍모에 관한 것이다. 순수 유미주의시인이라는 인식이 강한 영랑을 두고 민족시인이요 저항시인이라고 주장한다면 아직도 모두들 의아해 할 것이다. 그러나 이러한 주장은 이제 그리 새로울 것도 못된다. 이미 여러 사람들의 연구를 통해 이에 대한 주장이 설득력을 얻고 있기 때문이다. 앞에서도 밝힌 독립운동 전력 말고도 영랑은 일제강점기에 강진에서 유일하게 창씨개명을 비롯한 삭발, 신사참배 등을 끝끝내 거부한 사람이다. 그는 창씨개명을 강요하는 일경들에게 "내 집 성은 김씨로 창씨 했소" 하며 당당하게 받아 넘겼다고 한다. 또한 그는 모두가 훼절·투항하던 시대에 맞서 "끝까지 지조를 지키며 단 한 편의 친일 문장도 남기지 않은 영광된 작가"였다. 비록 그는 모든 것이 막혀버린 암울한 상황 속에서 적극적인 행동이나 강렬한 저항성을 담은 시를 남기지는 못했지만 결코 비굴하게 지조를 꺾지는 않았다. 차라리 문을 닫아 걸고 스스로를 가두는 자세를 견지했다. 철저한 저항적 의지로 가슴에 독을 차고 인고의 세월을 보냈다. 그리하여 윤동주나 이육사처럼 적극적이진 못했지만 소극적이나마 민족어를 갈고 닦는 일에 몰두했다. 따라서 이러한 그와 그의 시를 두고 한가하게 순수·유미에만 골몰했다고 보는 것은 대단히 편협된 시각이다. 물론 그러한 부분이 전혀 없는 것은 아니다. 하지만 이러한 여러 가지 풍모로 비추어 볼 때 그의 위상은 다시 조명되어야 마땅하다 하리라.

불운의 시인 김현구

대개 강진읍을 찾아온 답사객들은 영랑 생가만 잠시 들렀다가 곧바로 다산초당이나 청자도요지로 빠져나가 버린다. 이러한 경향은 일반 답사객들이 아닌 문학 답사객들도 마찬가지다. 물론 답사 일정이 빠듯하기 때문일 터이지만, 영랑 생가에서 그리 떨어지지 않은 곳에 같은 시문학파요 영랑의 시적 동반자였던 현구의 생가와 분가가 있다는 사실을 까마득히 모르기 때문이다. 아니 그보다 '김현구'라는 시인의 이름마저 들어본 적이 없기 때문이다. 강진사람들조차도 그의 이름을 알고 있는 사람은 드물다. 게다가 영랑 생가와는 달리 현구의 생가와 분가를 알리는 안내 표지판 하나 없으니 설령 특별히 알고 찾아오는 사람들도 찾을 길이 묘연할 수밖에 없다. 이렇듯 김현구는 우리 시사는 물론 전남문학사 그리고 그의 고향 강진에서마저 철저히 소외되어 있는 시인이다.

특히 고향에서마저 그의 이름이 지워진 데에는 그만한 이유가 있다. 그것은 김영랑이라는 이름이 너무 컸기 때문이다. 따라서 한마디로 김현구는 김영랑의 그늘에 가린 시인이라고 할 수 있다. 이것이 이른바 1등과 2등의 커다란 차이요, 2인자의 숙명적인 비애다.

10년 전까지만 해도 그의 이름을 모르기는 필자도 마찬가지였다. 그 당시 필자는 학위논문을 쓰기 위해 고향 강진에 내려갔다가 선배 시인의 서재에서 참으로 우연히 오래된 시집 한 권을 발견하게 되었다. 그것은 김현구라는 생소한 이름을 가진 시인의 유고시집이었다. 그러나 그가 강진 출신이며, 영랑과 함께 1930년대 《시문학》 동인으로 활약했다는 사실을 알았을 때 호기심보다도 부끄러움이 앞섰다. 시를 공부하는 한 사람으로서 동향의 선배 시인의 이름을 그야말로 까마득히 모르고 있었기 때문이다.

그리고 그가 영랑과 숙명적인 문학 동반자였음에도 불구하고 왜 지금껏 그 이름조차 알 수 없을 만큼 소외되었는지에 대해 의문을 갖지 않을 수 없었다. 그 원인이 시적 수준이 떨어져서가 아니라 단지 불운에 있다는 사실을 알았을 때 이제라도 재조명하여 세상에 알려야 한다는 강렬한 사명감 같은 것이 필자를 사로잡았다. 그래서 필자는 이미 모든 준비가 끝난 상태에 있던 논문의 주제를 '김현구 시 연구'로 바꾼 뒤 자료 조사에 착수했다. 그러나 자료의 태부족을 절감하지 않을 수 없었다. 아무리 찾아봐도 그와 관련된 논문은 단평류 몇 점을 제외하고는 김학동 교수의 「현구 김현구론」이 유일한 것이었다. 오랜 시간 고심 끝에 그렇다면 발로 쓸 수밖에 없다고 결심한 필자에게 김 교수의 이 논문은 커다란 용기를 주었다. 김 교수는 시문학파에 대한 지금까지의 논의가 정지용·김영랑·박용철에게만 집중되어온 폐혜를 지적했고, 아울러 현구 시의 우수성을 극찬하면서 재평가의 필요성을 제기하고 있었기 때문이다. 특히 그는 영랑과 현구 두 사람을 "결코 어느 한쪽을 고의로 격상 또는 격하시켜서도 안 된다. 적어도 같은 선상에서 같은 비중으로 평가해야" 한다고 주장하고 있었다. 그리하여 동분서주 끝에 유족 등으로부터 자필시집원본과 많은 증언 등을 청취한 끝에 창작하듯 학위논문을 작성할 수 있었다. 그러나 논문 심사 과정에서 심사위원들마저 김현구라는 시인을 몰라 또 한번 애를 먹어야만 했다.

이렇듯 참으로 어려운 여건에서 탄생한 것이 필자의 박사 학위논문 「김현구 시 연구」이다. 이 논문이 심사를 통과하자마자 다행히 우리 시사의 가려진 한 부분을 복원했다고 평가했던지 그해(1996) 2월 『현대문학』에서는 때마침 '문학의 해'를 맞아 이를 특집으로 꾸몄다. 그리고 그 다음 해 필자는 이를 단행본 『1930년대 잊혀진 시문학파-김현구 시 연구』(국학자료원)로 펴냈다. 그리고 2005년에는 그에 관한 모든 자료를 망라하는 『김현구 시 전집』(태학사)을 다시 펴냈다. 그러나 이 책들이 그의 시를 다각도로 연구하기 위한 이정표를 세웠음에도 불구하고 아직도 그의 시에 대한 문단과 학계의 관심은 여전히 더디고 또한 무디다. 실로 안타까운 일이라 아니할 수 없다.

■ **영랑과 현구** 강진의 현대시문학을 대표하는 이 두 사람은 숙명적인 라이벌이자 문학적 동반자였다.

영랑과 현구의 숙명적 관계

현구(玄鳩) 김현구(金炫耉)는 영랑보다 두 해 늦은 1904년 강진읍 서성리 179번지에서 몰락 관료 집안의 셋째 아들로 태어났다. 그러니까 현구는 항렬상 같은 김해 김씨 집안인 영랑의 조카뻘(영랑 아들이 '현' 자 항렬임)이 된다.

영랑과 함께 향교인 관서제에서 한문을 배운 뒤 강진보통학교를 졸업하고 서울의 배재학당(현 배재고교)에 입학(1920)한 그는 무슨 사유에서인지 1921년 학교를 중퇴하고 향리 강진에 내려와 보은산의 병풍바위와 비둘기바위를 벗 삼아 습작생활을 하다가 이듬해 다시 일본 유학길에 오르

김영랑과 김현구의 대비표

구 분	김 영 랑(金永郎)	김 현 구(金玄鳩)

출생 관계	· 1902년 강진군 강진읍 남성리
	· 김종호씨의 장남
	· 김해 김씨 '식' 자 항렬
	  (현구의 집안 아저씨)
	· 500석 지주 집안
		· 1904년 강진군 강진읍 서성리
		· 김노식씨의 3남
		· 김해 김씨 '현' 자 항렬
		  (영랑의 집안 조카)
		· 몰락 관료 집안

학 력	· 강진공립보통학교 졸업 · 휘문고보 · 동경유학 중퇴	· 강진공립보통학교 졸업 · 배재고보 · 동경유학 중퇴
시단 활동	· 1930. 3. 『시문학』 창간호 등단 · '시문학파'로 활동 · 「동백닢에 빗나는 마음」 등 86편 · 생전에 시집 2권 발간 · 중앙문단과 연계 시작 활동	· 1930. 5. 『시문학』 2호로 등단 · '시문학파'로 활동 · 「님이여 강물이 몹시도 퍼럿슴니다」 등 85편 · 생전에 시집 발간 못함 · 강진에만 칩거하며 시작 활동
시 세계	· 순수 서정성 · 강진방언의 활용 · 음악성이 뛰어남 · 귀족적	· 순수 서정성 · 강진방언의 활용 · 감각성이 뛰어남 · 서민적
문단외 활동	· 초대 민의원 출마 낙선(해방 후) · 공보처 출판국장 역임(해방 후)	· 강진읍사무소 근무(해방 전) · 강진군수 천거 사양(해방 후)
작품에 나오는 강진의 풍 물	· 돌담, 모란, 샘물, 은행나무, 동백꽃 등(생가와 관련된 것들이 많음)	· 서문, 남포, 신학산, 낙화정, 찔레꽃 등(구체적 지명이 많음)
생가 위치	· 강진군 강진읍 남성리 탑동 221	· 강진군 강진읍 서성리 179(생) · 강진군 강진읍 서성리 214(분)
성 격 및 취 미	· 호방하면서도 섬세, 정치적 · 음악 · 스포츠에 만능	· 내성적이며 결백, 비정치적 · 특별한 취미 없음
사 망	· 1950년 9월 한국전쟁의 참화(48세) · 서울에서 포탄 파편을 맞아	· 1950년 10월 한국전쟁의 참화(46세) · 강진에서 좌익 프락치에 의해
시비 위치	· 강진군립도서관 앞, 생가, 광주공원, 군동면 호계리 도로변(동상)	· 강진군립도서관 앞

지만 가정사정으로 인하여 그리 길지 않은 학업을 중단하고 귀국하게 된다. 영랑도 휘문고보를 중퇴한 뒤 일본 청산학원에 입학하였으나 관동 대지진으로 인하여 학업을 중단하고 귀국한다. 이때부터 그는 영랑·효암 등과 더불어 향리 강진에서 본격적인 시작 활동을 하면서 《청구》라는 문학 모임을 결성하고 동인지를 발간한다. 1927년 25세의 나이로 결혼한 그는 이후 슬하에 3남 6녀를 두게 된다.

1930년 5월 영랑과 용아의 천거로 《시문학》 2호에 「님이여 강물이 몹시도 퍼럿슴니다」를 비롯한 4편의 시를 발표하며 시단에 나온 그는 시문학파의 일원으로 가담하여 이후 《문예월간》, 《문학》 등에 총 12편의 시를 발표하는 등 활발한 활동을 전개한다. 그러나 1934년 시문학파가 해체 일로에 놓이자, 현구는 《문학》 3호에 「산비둘기 같은」을 마지막으로 시단 활동을 중단하고 강진에 칩거하게 되며, 생계를 위해 강진읍사무소에 들어가 사망할 때까지 공직생활을 전전한다. 반면 상대적으로 부유한 영랑은 서울을 자주 오르내리며 중앙문단과 연계 아래 지속적인 시단 활동을 전개함은 물론 1935년 시문학사에서 『영랑시집』을 발간한다. 현구 역시 영랑·지용에 이어 시문학사에서 시집을 발간키로 약속이 되어 있었으나, 용아의 와병에 이은 사망으로 실패하고 만다. 그러니까 현구는 영랑과는 달리 경제적으로 자유스럽게 시단 활동을 할 수 없었던 바, 이 점은 그의 결정적인 핸디캡이라 할 수 있다.

1950년 10월 3일 현구는 한국전쟁 와중에 공산당 프락치에 의해 죽임을 당하니 그의 나이 만 46세였다. 영랑은 그보다 나흘 빠른 9월 29일 서울에서 만 48세로 사망했다. 사후 20년만인 1970년 유족들과 임상호씨를 비롯한 현구기념사업회에 의해 유고시집 『현구시집』이 고인의 뜻에 따라 비매품으로 발간되었고, 다시 22년 후인 1992년 강진군립도서관 앞 영랑시비가 마주 보이는 자리에 현구시비가 세워져 오늘에 이른다.

이밖에도 현구는 영랑과는 여러 가지 면에서 대비가 된다. 우선 그는 소극적인데다가 지나치게 결백하고 무욕적인 성격의 소유자였다. 문단활동에 소극적이었을 뿐더러 해방 이후 강진군수로 천거되었으나 사양한 것이 이를 입증한다. 적극적이고 호방하며 정치적으로 명예욕이 강했던 영랑과는 좋은 대비가 된다. 아울러 학벌로 보나 경제적으로 보나 현구는 영랑에게 대단한 콤플렉스를 갖지 않을 수 없었을 것으로 보인다. 그는 마음껏 풍류를 즐기고 정치성이 강했던 영랑을 못마땅하게 여겼으며, 서로의 시적 견해를 가지고 얼굴을 붉히며 싸우는 일이 많았다고 한다. 열등감에 젖을 수밖에 없는 그가 술만 먹으면 옆사람을 쥐어뜯는 버릇이 있었다는 차부진씨의 증언은 얼마나 그가 가슴속에 맺힌 서러움이 많았던가를 짐작케 하고도 남음이 있다 하리라.

그러나 그는 연구 결과 영랑과 함께 가장 순수한 시문학파였음이 입증되었으며, 그의 시세계 또한 영랑과 대단히 유사하다는 점, 작품 수준으로 볼 때 기교면에서 영랑보다 다소 처지나 훨씬 시어들이 감각적인 특징을 지녔다는 사실이 밝혀졌다. 따라서 이것만으로도 그는 우리 시사에서 그냥 지나칠 수 없는 중요한 시인임에 분명하다.

그럼에도 불구하고 그가 지금껏 소외될 수밖에 없었던 것은 소극적이고 무욕적인 성격과 불운에 전적으로 기인한다. 다시 말해 그는 평소 자기비하가 심했고, 소위 문단정치를 하지 않고 시골에서 자족적으로 시를 썼으며, 시집도 굳이 비매품으로만 발간하려 했다는 점이 그것이다. 또한 시문학사에서 시집 발간을 약속했던 박용철의 죽음은 그의 시가 세상에 알려지지 못하고 묻혀버린 결정적인 원인이라 아니 할 수 없다. 결국 이러한 모든 점들은 그의 가난과 따로 떼어 생각할 수 없는 것들이어서 안타깝다. 하지만 뒤집어서 생각하면 바로 그렇기 때문에 가장 깨끗한 시인이라고 말할 수도 있을 것이다.

현구의 생가와 분가

현구의 생가와 분가는 영랑 생가에서 서쪽으로 약 150m 떨어진 곳에 있다. 영랑 생가 앞 큰 도로에서 우회전하여 100m 가량 직진하다가 서문수퍼 사거리 부근에서 작은 골목으로 다시 우회전하여 30m 가량 올라가면 오른쪽에 생가, 왼쪽에 분가가 있다. 그러나 안내 팻말이 세워져 있지 않으므로 직접 물어봐야만 찾을 수 있다. 생가의 주소는 강진읍 서성리 179번지인데, 안채를 제외하고는 그 원형 상태가 심하게 훼손된 상태다. 그리고 분가의 주소는 강진읍 서성리 214번지로서 현재 김재섭씨가 살고 있으며, 생가에 비해 그 보존상태가 비교적 양호하나 보수로 인해 안채의 골격이 많이 바뀌었다. 정원에는 그 당시 있었다는 나무들이 아직 몇 그루 남아 있다.

여기에서 필자는 한 가지 간곡한 제안을 하고자 한다. 그 제안이란 다름이 아니라 현구의 생가를 점진적으로 복원하는 작업에 착수하자는 것

■ **현구의 생가** 현구가 출생·성장하였던 집으로 강진읍 서성리 179번지이다. 현재 정원 등 원형이 크게 훼손되어 있다.

이다. 필자가 만난 그의 유족들은 관계 기관의 협조만 뒤따른다면 얼마든지 생가를 다시 사들일 용의가 있다고 한다. 이제 영랑 생가는 강진의 명소이자 문학답사의 필수 코스로 자리를 잡았다. 생가 앞에는 향토문학관도 세워졌고, 생가 진입로 확장공사도 진행 중이다. 그 정도면 나라 안에서 가장 보존 상태가 좋은 시인의 생가로서 손색이 없다. 그렇다면 이제 현구의 생가를 복원할 차례이다. 강진 출신 시인은 영랑 한 사람만이 아니다. 더욱이 현구는 그의 숙명적인 시적 동반자가 아니었던가.

다시 한번 강조하건대, 우리 현대시사에서 순수 서정시의 길을 열었던 시문학파의 태생지는 강진이다. 그 강진에는 영랑과 함께 현구가 있었다. 이들이 함께 있었기 때문에 시문학파는 그 결성의 발판을 마련할 수 있었다는 사실을 간과해서는 안 된다. 현구가 영랑의 그늘에 가린 시인일 뿐이라는 견해는 잘못된 것이다. 이는 근거나 형평을 따지기에 앞서 너무 일방적이고 편협한 시각이라 아니 할 수 없다. 따라서 현구가 영랑에 비해 불운했다는 사실, 그리하여 그 이름이 문학사에서 잊혀졌다는 안타까움에 동조한다면 이제 그의 명예를 되찾아주는 일은 누구보다도 고향 사람들이 앞장서야 마땅하지 않겠는가. 이러한 사실들을 뻔히 알면서도 이를 방조한다는 것은 부끄러운 일이다. 현구의 생가가 복원되어 외지 답사객들이 강진을 찾을 때 그 당시 두 사람이 서로 길항하며 강진에서 시를 썼다는 새로운 사실을 알게 된다면 이 또한 강진이 내세울 만한 문학적 자랑거리가 아니겠는가.

다산과 동문 박 사의재

흔히 다산의 유적지를 답사하기 위해 강진을 찾는 사람들은 곧바로 다산초당으로 직행한다. 그러나 다산이 강진의 유배 생활 18년 동안 머물렀던 곳은 모두 4곳임을 알아야 한다. 그 중에 다산초당은 그가 가장 오래(11년) 머문 곳이고, 유배생활의 안정을 찾아 방대한 책들을 저술한 곳이며, 정석(丁石) 등 그 흔적이 남아 있는 곳이므로 상대적으로 비중이 크다고 할 수 있다.

그렇다면 나머지 3곳은 어디일까. 『다산신계』의 기록에 따르면, 다산이 1801년 겨울 강진에 도착하여 처음 우거한 곳은 강진읍 동문 밖 주막집이다. 술집이자 밥집이었던 이 오두막에서 '사의재(四宜齋, 마땅히 네 가지를 지켜야 할 방)'라는 당호를 걸고 무려 4년을 지낸 그는 1805년 겨울 강진읍 뒷산에 있는 보은산방(고성사)으로 거처를 옮긴다. 1806년 가을부터는 그의 애제자인 학래 이청(鶴來 李晴)의 집에서 살다가 1808년 봄에야 비로소 현 도암의 다산초당으로 옮긴다. 그러니까 다산은 자신의 기록(읍내에서 8년, 다산에서 11년, 도합 18년)과는 달리 강진읍에서 7년, 다산초당에서 10년, 도합 17년을 머문 셈이다. 최근 강진군에서는 다산이 머물렀던 이들 장소들을 '다산 정약용 실학성지'로 묶어 역사테마공원 조성, 사의재 복원, 백련사 오솔길 정비

■ 동문안 샘터 다산 정약용이 처음 유배의 닻을 내린 곳으로 옛 강진읍성의 동문 주막거리다.

사업 등을 진행 중이다.

> 북쪽 바람 눈 휘몰 듯이 나를 몰아붙여
> 머나먼 남쪽 강진의 밥 파는 집에 던졌구려.
>
> ─「탐진촌요(耽津村謠·6)」

　이 시는 다산이 강진읍에 도착하여 쓴 첫 작품이다. 그가 처음 머물렀다는 소위 "밥 파는 집"은 옛 강진읍성의 동문 밖 주막거리로 강진경찰서 앞 도로에서 동쪽으로 약 250m쯤(자동차로 2분 소요) 떨어진 곳에 있다. 늙은 팽나무 한 그루가 서 있는 골목 사거리가 그곳이다(다행히 팽나무 밑에는 안내 표지판도 서 있음). 당시부터 있었다는 공동우물이 지금도 남아 있어 샘거리로 불리는 이곳은 주로 옛날 동문을 지키던 병사들을 상대로 술과 밥을 팔았던 거리라고 한다. 당시 다산이 기거했던 집의 정확한 주소는 강진읍 동성리 495번지(061-434-3760)로서 현재 마자근이(마작은이, 71세)씨가 아들 내외와 함께 살고 있다.

　필자가 어렵게 수소문하여 이 집을 찾아갔을 때는 마침 집주인인 마자근이씨가 집에 있었다. 찾아온 이유를 대자 그녀는 이 집이 옛날 다산 선생이 살았다는 이야기를 선대로부터 익히 들어 잘 알고 있으며, 지금은 하도 낡아 헐렸지만 불과 몇십 년 전까지만 해도 본채 옆에 딸린 수백 년 묵은 행랑채(지붕이 낮고 매우 협소한 방이 하나 있었다고 함)가 있었다며 무화과나무가 서 있는 담장 밑을 가리켰다. 그러나 주소와 이름을 묻자 정색을 하며 달가워하지 않았다. 알려지면 감수해야 될 번거로움 때문이다. 그러나 설득을 계속하자 마지못해 알려주었다.

앞에서 소개한대로 이 집은 다산이 '사의재'라는 당호를 내걸고 4년 동안 기식하였던 곳이다. 그가 처음 강진에 당도하였을 때 강진사람들은 모두 겁을 집어먹고 문짝과 담장을 무너뜨리며 달아나는 등 죄인 취급을 했다고 한다. 그러나 이 오두막 노파만이 그를 가련히 여겨 정성껏 돌봐주었다. 그 노파의 힘으로 이곳에서 겨를을 얻은 다산은 주로 상례를 비롯한 학문 연구와 아동용 교과서인 『아학편훈의(兒學編訓義)』를 짓는 등 저술활동에 전념하는 한편 글방을 열어 제자들을 가르쳤다. 이때 가르쳤던 제자들이 나중에 그가 읍성제생(邑城諸生)으로 손꼽으며 잊지 못했던 손병조, 황취, 황지초, 이청, 김재정 등이다. 다산의 강진읍 생활에 많은 도움을 주었던 이들에 대해서 다산은 "어려운 시기에 근심과 걱정을 함께 나눈 사람들이며 귤동 초당에서 만난 사람들은 나라가 평온해진 뒤에 알게 된 사람들로서 읍내에서 사귄 이들의 정만큼은 못하다"고 술회하고 있다.

> 사의재(四宜齋)란 내가 강진에서 귀양살이하며 살아가던 방이다. 생각은 마땅히 맑아야 하니 맑지 못함이 있다면 곧바로 맑게 해야 한다. 용모는 마땅히 엄숙해야 하니 엄숙하지 못함이 있으면 곧바로 엄숙함이 엉기도록 해야 한다. 언어는 마땅히 과묵해야 하니 말이 많다면 곧바로 그치도록 해야 한다. 동작은 마땅히 후중하게 해야 하니 후중하지 못하다면 곧바로 더디게 하도록 해야 한다. 이런 때문에 그 방의 이름을 '네 가지를 마땅하게 해야 할 방'(四宜之齋)이라 하였다.
> ―「四宜齋記」에서.

앞의 글을 보면 철저하게 억눌리고 따돌림 받은 자였음에도 불구하고 비탄에 젖지 않고 한 치의 흐트러짐 없이 자신을 추스르며 학문 연구와 저술 활동에 전념하겠다는 다산의 대학자다운 결의와 면모가 엿보인다. 이러한 올곧은 정신이 있었기에 귀양살이의 신산함을 오히려 불후의 역저들을 저술하기 위한 소중한 기회로 바꿔놓을 수 있지 아니 했을까. 참으로 생의 위기를 기회로 삼을 줄 아는 자만이 지닐 수 있는 무섭도록 견고한 자세라 아니 할 수 없다. 절망의 끝에서 날아오르는 정신이야말로 참다운 희망이라고 할 수 있듯이 말이다. 이렇듯 사의재는 다산의 유배 기간 중 가장 힘들었던 기억이 서려 있는 곳이다.

고성암과 고암모종

사의재에서 4년을 힘들게 보낸 다산은 1805년 겨울 '보은산방'으로 옮겨 간다. 보은산방은 고성사(高聲寺)의 다른 이름으로 강진읍 뒷산 중턱에 자리하고 있다. 지금은 강진여자중학교 부근에서부터 도로가 포장되어 자가용으로 5분이면 절간에 다다를 수 있다. 강진읍 뒷산은 예로부터 여러 가지 이름으로 불렸다. 보은산(寶恩山), 우두봉(牛頭峯), 우이산(牛耳山), 형제봉(兄弟峯) 그리고 현재의 북산(北山)이 그것이다. 다산은 이곳 보은산방(고성사 내 칠성각)에서 약 9개월 간 머물면서 큰아들 학연과 함께 주역 연구에 심취한다.

다산이 비좁고 답답한 오두막집을 벗어나 보은산방에 머물 수 있게 된

■ **고성사 전경** '보은산방'이라 불렸던 이 절간은 다산이 큰아들 학연과 함께 약 9개월간 머물면서 『주역』 연구에 심취했던 곳이다.

것은 전적으로 아암(兒菴) 혜장선사(惠藏禪師, 1772~1811)의 배려 덕택이었다. 혜장선사는 당시 해남 대흥사의 큰 학승으로서 불교학술대회인 두륜회(頭輪會)의 주맹(主盟)을 맡을 만큼 학덕이 높았으며, 해남·강진의 사찰에서는 막강한 영향력을 지닌 스님이었다. 뒤에서 다시 언급하겠지만, 그런 혜장이 말사인 백련사에 머물고 있을 무렵 그곳으로 소풍을 갔던 다산과의 만남이 자연스럽게 이루어진다. 『주역』에 달통했던 혜장은 나이가 10살이나 위인 다산을 스승 겸 글벗으로 여기면서 서로의 학문적 교유는 물론 많은 도움을 제공한다. 백련사에 딸린 암자였던 고성암의 방 한 칸도 그에 의해서 제공된 것이다. 따라서 혜장은 다산에게서 주로 유교의 경전을 배운 대신 불경과 다도(茶道)로 교우하였다. 그러나 불행하게도 혜장은 다산의 유배 생활이 10년째를 맞을 무렵 39세의 짧은 나이로 생을 마감한다.

고성사의 창건 연대는 정확치 않으나 『범우고』 등 각종 지리지에 따르면 조선 후기에 지어진 고성암에서 비롯된 것으로 추정된다. 그러니까 다산이 머물렀던 당시에는 절이 아니라 암자였음을 알 수 있다. 와우형국인 보은산 우두봉 기슭에 자리한 이 절간의 위치가 소의 귀밑에 해당되므로 이곳에서 풍경(종)을 달아 쳐야 강진골이 안정된다고 하여 고성사라고 했다고 한다.

그래서 강진 사람들은 「금릉팔경」 중 고암모종(高庵暮鐘, 해질 무렵 고성암의 종소리)을 으뜸으로 친다. 50년 전까지만 해도 이 고성암에는 커다란 범종이 있어 해질 무렵이면 그 은은한 종소리가 안개처럼 강진의 산하를 적셨다고 한다. 그러나 종이 없어진 뒤로 정적에 싸인 유명무실한 절간이 되고 말았다. 그러나 강진군이 이를 복원 2000년 1월 1일 새벽에 타종함으로써 새천년의 아침을 밝히는 고암신종(高庵晨鐘)으로 부활했다.

고성사는 대웅전·칠성각·요사·종각만으로 이루어진 작은 절집이다. 지금의 건물들은 모두 최근 복원한 것들이다. 그러나 풍광만큼은 뛰어나서 구강포가 훤히 내려다보인다. 그리고 무엇보다도 이곳은 사의재, 제자 이청의 집과 함께 다산의 유배생활 초기의 흔적이 진하게 묻어 있는 곳이다. 그는 이곳에서 다음과 같은 시를 지었다.

우두봉 아래 조그만 선방에는

대나무만 쓸쓸히 낮은 담 위로 솟았구나.

해풍에 밀리는 조수는 산 밑 절벽에 닿고
읍성의 연기는 겹겹의 산줄기에 걸렸네.

— 「제보은산방(題寶恩山房)」 중에서.

보은산방 주변의 풍광을 읊은 이 시 속에는 유배 초기의 쓸쓸한 감회가 잘 드러나 있다. 지금도 절간 주변에는 대나무들이 군데군데 있다. 그러나 저녁을 짓느라 집집마다 피워 올렸을 희끄무레한 연기 대신 강진읍에는 휘황한 전등불이 켜진다. 산 밑 절벽에까지 와 닿았다는 구강포 바닷물은 저만치 밀려나 아슴플하다. 다만 절간 옆 수령이 500여 년이 넘어 보이는 팽나무 한 그루만이 오늘도 의구하다.

우두봉과 다산의 눈물

보은산의 정상 우두봉(형제봉)은 다산이 흑산도(지금의 우이도)로 유배 간 형님 손암 정약전을 그리며 한없이 눈물을 흘렸던 곳이다. 손암은 다산의 중형으로 황사영백서사건에 함께 연루되어 나주 율정점에서 서로 눈물로 헤어졌다. 그의 유배지인 흑산도는 당시 나주목에 속했던 섬이었으나 지금은 신안군에 속하는 섬이다. 그러나 그의 유배지는 흔히 흑산도로 알려져 있으나 정확히 말하면 지금의 우이도가 맞다. 그곳에서 그는 우리나라 최초의 물고기 연구서인 『자산어보』를 썼다.

다산은 강진에 유배온 지 만 2년이 돼서야 비로소 강진의 산천을 돌아보다가 우두봉에 오른다. 그러나 올라와서 보니 우연히 산의 이름이 우이산이고 산봉우리의 이름이 형제봉임을 알고 울컥 형님이 생각나 먼 바다를 바라보며 통곡한다. 그때 그의 심정을 엿볼 수 있는 애절한 산문과 시를 여기에 소개한다.

절정에 오르고 나서 서쪽을 바라보니, 산이 얽혀 있고 안개와 구름이 꺼졌다 솟으며 나주의 여러 섬들이 역력하게 눈앞에 있었다. 다만 어떤 것이 형님이 계시는 우이도인가를 가리지 못했다. 이날 중 한 사람이 따라왔는데 그 중이 말하기를, "보은산의 다른 이름은 우이산이고, 절정의 두 봉우리는 형제봉이라고도 합니다"라고 하였다. 바다를 사이에 두고 형님이 계신 곳을 그냥 바라볼 수도 있겠구나 싶었는데, 형님이 계신 곳과 내가 있는 곳 두 곳 이름이 우이이고, 봉우리 이름 또한 형제봉이라니 결코 우연만은 아니었다. 그래서 슬퍼만 지고 산에 오른 기쁨이라고는 없어져 버렸다. 돌아와서 시를 지었다.

나주의 바다와 강진 사이 200리/험준한 우이산을 두 곳에 만들었네//3년 동안 묻혀 살며 풍토를 익혔으나/흑산도의 이름 여기 있을지 몰랐네//(중략)//손에 쥔 옥돌 신표 바라본들 무엇하랴/괴론 마음 쓰린 창자 남들은 모른다네//꿈속에서 서로 본 듯 안개 속 바라보니/눈물만 흐르고 천지는 어둑해라.

— 「보은산 절정에 올라 우이도를 바라보며」 중에서.

날이 맑은 날 우두봉 꼭대기에 올라 바라보는 강진의 산과 바다는 아름답기 그지없다. 너무나 아름다워 그만 퍼질러앉아 하산하기가 싫을 정도라고 이곳 사람들은 말한다. 그곳에 올라서면 북쪽에는 월출산이, 동쪽에는 수인산·부용산과 장흥 억불산이, 서쪽으로는 만덕산·덕룡산·주작산이 병풍처럼 둘러 쳐져 있다. 그리고 군동평야를 적시며 탐진강의 흰 물줄기가 구강포로 유유히 빠져나간다. 탐진만 너머로 다도해의 섬들이 올망졸망하다. 특별히 쾌청한 날은 흑산도까지 보인다고 하니 다산이 우두봉을 찾은 것도 한두 번이 아니었으리라. 그러므로 다산이 흑산도의 형님을 그리며 자주 올랐던 곳은 지금 다산초당 옆에 있는 천일각이 아니라 강진읍 뒷산 봉우리인 우두봉이다. 다산은 이후 보은산방에서 내려와 그의 애제자이자 저술 활동에 도움을 주었던 이청의 집에서 약 2년 간 머물다가 1808년 봄 지금의 다산초당으로 옮기게 된다.

강진문화계의 현주소

강진읍은 지방의 소읍임에도 불구하고 문화적 수준과 열의가 대단히 높은 곳이다. 특히 문학·향토사학·도자기 분야의 문화적 열기만큼은 전국 어디에 견주어도 손색이 없다. 이는 무엇보다도 강진만이 지닌 역사와 문화적 전통이 남다르기 때문일 것이다. 그러나 '그 전통을 제대로 잇고 있는가'라고 물을 때 대답이 궁색해지는 것이 또한 강진문화의 현주소다.

먼저 문학 분야다. 강진의 문학을 활짝 꽃피운 장본인은 주지하다시피 영랑 김윤식이다. 그러나 그 이전에 청련 이후백→해암 김응정→다산 정약용→경회 김영근으로 이어지는 강진의 문학적 전통을 무시할 수는 없다. 물론 외지인으로서 강진에서 유배생활을 하며 수많은 시편을 남긴 다산을 제외하면 나머지 사람들의 작품은 대부분 분실되어 전하지 않는다. 그들의 이름이 아직까지 우리에게 생소할 수밖에 없는 이유가 여기에 있다. 그러나 그들의 문학적 생애에 대한 기록 등을 참고할 때 후대에 미친 영향은 상당했을 것으로 보인다. 그러므로 영랑과 현구로 대표되는 강진 근대문학의 뿌리가 바로 그들임을 부인할 수 없다. 이 점은 앞으로 전대(前代)의 문학적 계보가 생략된 채로 있는 강진문학이 풀어야 할 숙제이다.

그러나 앞에서 이야기한 바대로 강진문학의 구심점은 영랑과 현구이다. 1930년대 '시문학파'를 대표하는 이들의 문학은 비단 강진에만 국한되지 않는다. 그것은 1930년대 이 땅의 시문학을 대표하는 또 다른 이름이다. 그런데 그 시문학파의 출발이 강진에서 비롯됐다.《청구》가 그것이다. 영랑 김윤식ㆍ현구 김현구ㆍ효암 차부진ㆍ소원 김길수 등 문학청년을 중심으로 구성된《청구》의 동인들은 1919년대 말에 벌써 이 작은 지방 소읍에서《시문학》의 태동을 예비하고 있었던 것이다. 이 시기를 전후하여 강진의 문학적 또는 문화적 열기는 대단했던 것으로 보인다. 이에 대한 차부진의 기록을 보자.

영랑 김윤식 군이 일본 동경 청산학원을 마치고 귀향한 때로부터, 우리 지방에는 그 나름으로 문예의 현란기를 이룬다. 낭산 김준연 선생이 독일 유학의 길

■ 문학동인지 《모란촌》 영랑의 시업을 잇기 위해 1973년부터 강진 출신 문인들이 발간해온 것으로 광주·전남 최장수 문학 동인지이다.

에서 돌아오자 그의 학술강연회가 우리 고장에서 제 일성으로 열리었고, 이를 필두로 하여 서춘, 윤백남 선생들의 문학강연회가 열렸으며, 시기적 차이는 있지만 육당 최남선 선생, 춘원 이광수, 이난영의 독창회 등이 열렸던 시절이야말로 이 시대에 우리 지방만이 간직한 황금시절이었다. (중략). 이와 때를 같이 하여 많은 젊은이들이 문학서적을 읽었고, 특히 『태서문학』을 애독하는 사람들 중에는 세익스피어의 환상적인 서술과 루소의 자유주의사상, 톨스토이의 인도주의, 도스토예프스키의 혁명적인 사상, 괴테·하이네의 풍부한 감정이 청년계의 사색을 풍유케 하였던 것이다.

그러나, 영랑·현구의 사거 이후로 강진의 문학은 침체 일로에 놓인다. 그러다가 1973년 영랑의 시업을 기리고 또 이어받기 위해 조직된 것이 '모란촌문학동인회'다. 물론 이 동인회 앞에 '직전문학동인'·'청향회'·'머시매문학동인' 등이 60년대에 있었지만 오래 가지 못했다. 차부진·이형희·임상호·정문석·주전이 등이 창간한 동인지 《모란촌》은 현재까지 32집을 발간한 광주·전남의 최장수 문학동인지로서 강진문학의 전통을 면면히 이어오고 있다.

현재 강진 출신 문학인 40여 명이 참여하고 있는 이 동인회는 그러나 몇 가지 문제점과 과제를 안고 있다. 발전적인 세대교체가 이루어지지 않는다는 점, 순수한 문학동인회라기보다 문학동호회로서 친목단체의 성격이 더 강하다는 점, 구태의연한 동인지 편집 등이 그것이다. 이는 어떻게 보면 문제점이라기보다 군 단위 문학회가 지니는 어쩔 수 없는 한계일 것이다. 그러나 강진문학의 앞날을 위해선 정체의 지속이 아니라 뭔가 새로운 변화가 모색되어야 할 것이다. 게다가 필자가 보기에 강진문학은 현재 그 대가 끊긴 상태나 다름없다. 다시 말해 영랑이나 현구의 대를 이을 만한 재목이 더 이상 나오지 않고 있다는 말이다. 이는 이웃 해남이나 장흥에서 걸출한 작가들이 속속 배출되고 있는 상황과는 매우 대조적이다. 언제까지 소위 '위대한 영랑'만 우러르고 있을 것인가. 강진문학의 자존심을 위해서라도 이제 뭔가 특단의 대책이 필요한 시점에 왔다.

다음으로 향토사학 분야다. 현재 강진에는 강진문화원을 중심으로 '탐진향토문화연구회'·'강진문헌연구회' 등이 이 지역의 향토사를 연구하고 문화유적을 발굴·답사하는 등 활발한 활동을 벌이고 있다. 윤창근·

양광식·정윤식·최재남·김성우·최한선 등 50여 명의 향토사학자들은 무슨 대가를 바라는 것이 아니라 스스로 향토문화를 연구하고 사랑하는 사람들이라는 점에서 소중하다 아니 할 수 없다. 그러나 이들은 어찌 보면 해당 분야의 비전문인이라는 점에서 연구의 성과를 체계화할 수 있는 능력이 요구된다. 또한 자꾸만 훼손되어가는 강진의 산하와 문화유산의 원형을 지키고 보존하는 일에 가일층 노력을 기울여야 할 것이다.

마지막으로 도자기 분야다. 주지하다시피 강진은 세계적인 청자의 고장이다. 국내 국보급 청자의 92%를 생산한 도요지가 있고, 그 도요지 수가 국내 도요지의 47%에 달하는 곳이 강진이다. 청자뿐만 아니라 옹기의 주산지 또한 강진이다. 그래서인지 근래에 들어 강진에는 대구청자사업소나 칠량 봉황옹기요 이외에도 '도강요'(대표 윤도현) 등 도예업소가 십여 개에 이른다. 강진을 답사하면서 어디서나 쉽게 눈에 띄는 것이 이들 도예업소 간판들이어서 외지인들로 하여금 과연 강진은 청자의 고장이구나 하는 생각을 갖게 만든다. 98년부터는 강진금릉문화제의 이름을 아예 '청자문화제'로 바꾸었고 개최 장소도 청자도요지 부근으로 옮겼다. 이는 청자문화의 활성화 차원에서 일단 바람직한 현상들로 받아들여진다. 그러나 상품화에만 눈이 멀어 너도나도 마구잡이로 대량생산을 한다면 질적 저하를 불러올 것이 불을 보듯 뻔하다. 근래에 한국의 청자가 일본의 길거리에서 싼 가격에 천대받는 신세가 되어버린 게 그 좋은 본보기이다. 그러므로 요장마다 모방에만 그칠 것이 아니라 좀더 품격 높은 예술성을 추구함은 물론 끊임없이 독특하고 새로운 아이디어 상품을 개발해야만 강진의 청자는 살아남을 수 있을 것이다.

한편, 맥이 끊겼던 강진의 청자가 재현되고 도예업소가 늘어나 청자문화가 다시 살아나기 시작한 것은 1970년대 이후의 일로서 강진의 몇몇 향토사학자들과 이용희(전 청자박물관 연구실장)라는 한 이름 없는 도공의 노력에 힘입은 바 크다. 뒤에서 다시 언급하겠지만, 그는 고려청자를 재현하는 데 결정적인 역할을 했던 장본인이며, 재현에만 머물지 않고 이를 현대자기의 특성과 접목시킴으로써 실용성을 가미시킨 강진의 '신지식인'이다.

강진의 음식문화

오늘날 우리가 어디를 여행하거나 답사할 때 꼭 빠뜨리지 않은 것이 있다면 그 지역의 특별한 음식을 맛보는 일일 것이다. 그러니까 어느새 별미기행은 여행이나 답사의 필수적인 코스가 되었다는 말이다. 어떤 이들은 아예 볼거리는 제쳐두고 먹거리만을 위해 먼 거리를 찾아오기도 한다. 볼거리와 먹거리의 비중을 묻는다면 반반이라고 대답하는 사람들도 흔하다. 이 말은 결코 빈말이 아니다. 필자의 생각도 그렇다. 맛을 제쳐두고 어떻게 멋만을 찾을 수 있겠는가. 그런 의미에서 '멋은 맛에서 왔다'는 말은 지당한 논리이고 실제로도 그렇다. 하지만 멋을 찾을 수 있는 맛은 아무 데나 있는 것이 아니고 또한 값도 비싸다. 그래서 그러고 싶어도 못하는 사람들에게는 미안한 말씀이 된다. 그러나 여행이나 답사가 일상은 아닌 만큼 한번쯤은 여유를 부려도 괜찮으리라.

전라도는 맛의 고장이요 맛의 중앙이다. 그 중에서도 강진은 볼거리와 먹거리가 겸해 있는 최적지로 손꼽힌다. 예로부터 강진은 남도의 관문이자 맛의 고장으로 통해 왔다. 한정식으로 대표되는 강진 음식문화의 바탕은 기름진 평야와 바다이다. 강진 일대 평야의 토질은 시커멓고 차지며, 강진만의 광활한 갯벌은 사람의 허리까지 빠질 정도로 깊다. 특히 이 아홉 골의 강물이 바닷물과 서로 만나는 구강포의 뻘밭에서는 독특한 맛을 내는 해산물이 많이 생산된다. 대합·바지락·꼬막·재첩·낙지·숭어·은어·전어·도미·뱀장어·짱뚱어·김·매생이 등 그 종류가 헤아릴 수 없이 다양하다. 이것들은 다른 지역에서 생산되는 해산물과는 그 질부터가 다르다. 한 마디로 강진땅은 남도에서도 가장 물풍(物豊)한 곳이다. 그래서 미당 서정주가 강진은 나무들까지도 기름기가 자르르하다고 하지 않았던가.

시인 송수권은 그의 맛 기행서인 『남도의 맛과 멋』에서 먹거리와 문화는 별개의 것이 아님을 강조하면서 강진의 멋과 맛의 특성을 다음과 같이 적절하게 이야기하고 있음을 본다.

> 맛은 수천 년 동안 세월을 거듭하며 형성된 것이다. 사당리의 청자 빛깔과 무위사 벽화의 선 감각을 안다면 맛의 감각은 절로 따라붙기 마련이다. 이른 봄 백련사의 동백꽃과 대둔사의 동백 빛깔이 같은 종의 유전자 감식인데도 조금씩 다르다는 것은 상식이다. 생생력의 문화를 일으킨 멋과 맛의 차이성-이것을 문화의 차이성이라고 해도 될 것 같다.

또한 원래 한정식은 보통 백반의 개념과는 전혀 다르며, 그 기품이나 격식 또한 매우 까다로워 그냥 음식이 아니라 문화의 개념으로 받아들여야 한다고 이야기한다.

> 한정식은 반드시 시중꾼(수모)이 있어야 먹는 음식이다. 또한 반드시 음식의 간을 맞추는 장종지, 젓국, 초고추장, 겨자집 등은 밥과 국의 다음 줄이고, 손이 자주 가는 음식은 오른쪽(국, 찌개, 김치), 밑반찬은 상의 왼쪽에 올리고, 오물을 처리할 수 있는 비아통(토구)이 놓여야 하는 상이 한정식이다. 따라서 기본 4인 이상이어야 치킬 수 있고, 그 대신 풀코스는 아니더라도 그 집의 음식맛을 자랑할 수 있는 서너 가지의 코스는 따라야 주부의 정성과 손맛을 알 수 있다.

그러나 오늘날 이러한 기품이나 격식을 살려 한정식을 내놓는 집이 어디 있겠는가. 원래 한정식이 수지가 안 맞는 음식이라지만 날이 새면 물가가 치솟는 상황 속에서 옛 기품이나 격식을 따지는 '한량'들을 위해 손해를 감수하면서까지 장사를 할 집은 없을 것이다. 이 점은 나라 안에서도 1급에 속한다는 강진의 한정식집들도 마찬가지다. 최대한 옛 격식이나 맛을 유지하려고 노력은 한다지만 10년이나 15년 전의 한정식 상차림을 떠올릴 때면 실로 많이 퇴색했다.

명동식당

강진을 찾아온 답사객이라면 첫날은 읍내 여관(요금 3만원 균일)에 여장을 풀고 저녁식사 겸 맛기행을 위해 푸짐한 한정식집을 찾는 게 제격이다. 3~4명의 단출한 일행이라면 상관없지만 10명 이상의 단체라면 출발 전 반드시 예약을 해두는 것이 좋다. 손님들이 붐비는 주말이라면 특히 그렇다. 강진읍의 한정식을 대표할 만한 명가는 버스터미널 부근의 '명동식당'(061-433-2147)과 공설운동장 부근의 '청자골 종가집'(061-433-1100)이다. 두 한정식집 이외에도 유홍준 교수가 소개했던 '해태식당'이 있지만 옛 명성을 잃은 지 오래다.

먼저 명동식당은 숙소와 가까운 읍내 중심에 있다는 이점 때문에 항상 손님들이 붐비는 곳이다. 개업 30년째를 맞고 있는 이 집은 이미 전국적으로 알 만한 사람은 다 알고 있을 만큼 알려져 있다. 대개 명동식당에 처음 들른 사람들이나 외지인들은 상다리가 휘어지도록 차려진 30여 가지 산해진미를 보면 놀라 입을 다물 줄 모른다. 그래서 무엇부터 먹을까 두리번거리는 즐거움을 맛보게 된다.

명동식당의 풍성한 상차림은 이 집 주인의 새벽시장 보기에서 비롯된다. 계절에 맞는 특산물의 특성을 살리고 최상의 신선도를 유지하기 위해 당일 새벽 인근 마량항이나 완도항을 찾아 나선다. 그래서 강진 한정식에 오르는 횟감을 비롯한 각종 해산물은 대부분 자연산에 가깝다. 다만 흑산 홍어 대신 외국산이 오르고, 고둥초무침 대신 양식 우렁회가 오르는 점이 옛날과 다르다.

강진 한정식의 특징은 극히 일부를 제외하고는 이 지역 농산물과 해산물이 계절별로 올라온다는 점이다. 봄에는 주로 강진만에서 캔 바지락국과 바지락회, 새고막이 올라온다. 강진만 개펄을 닮아 겉이 시커멓고 속이 여문 바지락은 전국 최고로 친다. 이 강진 특산 바지락으로 끓인 시원한 국물맛은 일품이다. 그리고 삶은 새고막(강진말로 새꼬막)은 손톱으로 깔 줄 알아야 이곳 사람이다.

여름에는 대합국과 재첩국(강진말로 기양조개), 전어밤젓, 참게장 등이 주로 올라온다. 예로부터 강진대합은 임금님께 진상했던 강진의 특산물이다. 그래서 '강진 원님 대합 자랑'이란 말까지 전해온다. 생합이라고도

■ **명동식당의 한정식** 계절별로 상차림이 다른 강진의 한정식은 별미 중의 별미로서, 답사 일정에서 빠뜨릴 수 없는 코스다.

불리는 이 대합은 구강포 중에서도 칠량 구로의 뻘밭에서 나온 것이라야 최고로 쳤다. 이 대합국은 숙취 해소에 그만이다. 그러나 안타깝게도 지금은 그 잡히는 양이 적어 귀하기 짝이 없다. 재첩은 탐진강 하류 목리포구에서 지금도 많이 잡힌다. 전어밤젓은 전어의 창자 중에서 밤톨 같은 부분을 떼어내어 담는 젓갈로 해마다 10월쯤이면 마량 일대에서 떼로 잡히는 전어를 사용한다.

가을에는 주로 붕어찜(강진말로 물천애)과 갈치찜이 오르고, 겨울에는 매생이데침이 오른다. 매생이는 파래와 비슷한 바다 이끼의 일종으로 아무 데서나 자라는 것이 아니고 기름지고 오염이 안 된 뻘밭에서만 자생한다. 그래서 이곳 사람들은 매생이로 끓인 매생이데침을 들면서 "야, 그 뻘밭이 참 달다"라고 말한다. 해산물 맛은 뻘밭에 좌우된다는 말이다. 그러나 지금처럼 바다가 오염된 상황에서야 뻘밭이라고 온전할 리 없다. 그래서 매생이는 우리나라에서 강진의 강진만과 장흥·해남의 일부 뻘밭에서만 생산된다. 따라서 전라남도 중에서도 남부 지역의 토속 음식인 이 매생이데침은 별미 중의 별미라 할 만하다. 지금은 상에 안 올라오지만 매생이에다 생굴을 넣어 데치는 매생이탕은 아무리 먹어도 배가 부르지 않고 달고 부드러워 미끈하게 넘어가는 맛이 한없이 입맛을 돋운다. 또 쇠고기가 없어 매생이와 생굴을 넣어 쑨 그 어렸을 적 떡국맛도 전라도 사람들이라면 누구나 잊지 못한다. 그리고 뜨겁게 데쳐도 김이 나지 않는 게 이 음식의 특징이다. 그래서 시집간 딸을 사위자식이 구박하면 장모가 일부러 뜨겁게 해서 상에 올려 멋모르고 숟갈을 뜨는 사위의 입천장을 데게 했다는 음식이 또한 이 매생이데침이다.

이 밖에도 언제나 상차림에 올라오는 명동식당의 별미 중 옴천 토하젓과 맥우 불고기가 있다. 옴천 토하젓은 강진의 오지이자 물 맑기로 소문난 옴천에서 잡히는 자연산 젓갈이다. 맥우 불고기 또한 옴천에서 사료에 7가지 약초와 막걸리를 섞어 먹여 기른 맥우(麥牛)의 살을 양념에 재어 만든 불고기로 부드럽고 담백하며 고소한 맛이 단연 으뜸이다.

청자골 종가집

 청자골 종가집은 읍내에서 조금 떨어진 한적한 곳에 자리하고 있다. 자가용을 타고 장흥 방면으로 약 5분 정도 가다 보면 왼편에 서 있는 이 집 간판을 쉽게 찾을 수 있다. 그러나 이 집은 개업한 지가 오래 되지 않았을 뿐이지 강진 한정식을 대표할 수 있는 명가 중의 명가다.

 이 집의 차별성은 우선 그 외형에서부터 드러난다. 원래 광주에 있던 종가집을 그대로 옮겨지었다는 이 집은 그 고래등 같은 기와집의 품위 있고 고풍스러운 멋이 단연 압권이다. 한 마디로 이 집은 '식당'의 개념이 아니라 '집'의 개념에 적합한 여건을 두루 갖추었다. 그래서 여유와 기품이 있고 또 고급스런 한정식을 흡족히 맛볼 수 있는 집이다.

 이 집은 들어설 때부터 옛 격식을 갖추어야 한다. 우선 널찍한 주차장에 차를 세우고 나서 한껏 위엄을 갖춘다. 그리고는 목청을 높여 "이리 오너라!" 큰 소리를 하면 안에서 여종업원이 낭랑한 목소리로 "예, 손님 어서 오십시오" 하고 뛰쳐나와 고풍스런 방으로 친절하게 안내한다. 음식을 시키고 기다리는 동안 청아한 가야금 소리가 들려온다. 물론 이 가야금 소리는 직접 켜는 것이 아니라 전축에서 흘러나온다. 처음에는 직접 켰다고 하나 워낙 수지가 맞지 않아 아쉽게도 교체됐다. 하도 대궐처럼 크고 넓어서 다른 손님의 구애를 받을 필요가 없으므로 느긋하게 담소하며 식사를 즐길 수 있는 집이 바로 청자골 종가집이다.

청자골 종가집의 상차림은 명동식당과 대동소이하다. 앞에서 설명한 명동식당의 상차림이 대부분 그대로 유지된다. 다만 구별되는 별미가 있다면 가을엔 탐진강 은어구이가 오르고, 잘 익은 묵은 김치(강진말로 묵은지)가 오르며, 옴천산 매우 불고기 대신 강진이나 함평산 불고기가 오

■ **청자골 종가집** 명동식당과 함께 강진 한정식의 명가다. 맛과 멋을 겸비한 이 집은 느긋한 선비들이 찾기에 알맞다.

른다. 특히 종가집 맏며느리인 이 집 안주인이 손수 담아 2년 정도 숙성시킨 묵은 김치는 '잘 익어 마음껏 쓰린' 독특한 맛을 자아낸다. 이렇듯 청자골 종가집은 옛 한정식의 전통을 대체로 잘 살린 집이다. 그래서 바쁘고 좀스럽고 시끄러운 사람들보다 여유와 기품과 호방함을 갖춘 선비 스타일의 사람들이 들르기에 적합한 집이다. 명동식당과 청자골 종가집의 한정식 값은 1상(4인 기준)에 8만원~16만원이다.

목리포구 장어구이집

강진은 한정식 이외에도 스테미너 식품으로 으뜸인 자연산 민물장어구이를 맛 볼 수 있는 어쩌면 유일한 곳이다. 자연산 민물장어구이 하면 대뜸 고창 선운사 입구의 풍천장어구이집을 떠올리지만 필자가 확인한 바로는 그곳에 자연산 풍천장어를 굽는 집은 하나도 없다. 모두가 소문만 무성한 양식장어구이집이다. 이미 장수강이 오염된 지 오래여서 풍천장어가 잡히지 않아 옛 명성만 무성할 뿐이다.

강진에서 자연산 민물장어구이를 맛 볼 수 있는 것은 아직 탐진강이 크게 오염되지 않았다는 증거다. 탐진강물을 비롯 아홉 골의 민물이 바닷물과 만나는 구강포는 70년대 후반까지만 해도 민물장어와 은어가 지천으로 꿈틀거렸다고 한다. 그러나 장흥읍에서 생활하수가 흘러내리고 하류의 갯벌과 자갈을 파내면서부터 그 잡히는 양이 급격하게 줄었다. 그나마 현재 장어가 잡히는 곳은 탐진강 하류인 목리다리 아래뿐이다.

■ **목리 민물장어 구이** 탐진강 하류에서 잡히는 자연산 민물장어 구이는 그 맛이 일품이다.

 따라서 강진에서 자연산 민물장어구이를 맛 볼 수 있는 집은 목리다리 아래에 있는 '목리장어센터'(061-432-9292) 한 곳뿐이다. 군동 삼신에서 시집온 안주인이 장어구이만 18년 동안 전문으로 해 온 이 집은 귀하기도 하지만 그 뛰어난 요리솜씨 때문에 경향 각지에서 사람들이 몰려온다. 심지어는 일본사람들까지 소문을 듣고 찾아온다고 한다. 그렇다고 아무 때나 가면 자연산을 맛 볼 수 있는 것은 아니다. 잡힌 장어가 있을 때만 맛 볼 수 있다. 그래서 자연산은 단골손님들의 차지가 될 경우가 많다. 그러므로 자연산 민물장어구이를 맛보려면 미리 들러 명함이나 연락처를 남겨두거나 수시로 전화 문의를 해야 하는 번거로움이 따른다.

자연산 민물장어는 보리가 누릇누릇할 때부터 잡히기 시작한다고 한다. 잡는 방법은 물속에 돌담장을 쌓아놓고 장어가 숨어들기를 기다렸다가 주변에 그물을 쳐서 잡는다. 잡히는 양은 많을 때는 하루에 7~8킬로그램, 보통 때는 3~4킬로그램 정도다. 이 집은 또 양식 장어를 함께 취급하는데, 자연산과 양식산은 색깔과 무늬로 구별한다. 양식산은 배 부분이 보통 하얀 색깔임에 비해 자연산은 노랗고 가을에는 얼룩무늬가 생기는 게 특징이다.

이 집 장어구이 맛의 비결은 특별한 양념장에 있다. 양념장은 장어뼈를 고아 우려낸 물에다가 손수 담근 고추장을 비롯한 간장·설탕·꿀·정종·양파·사과·배·마늘·생강 등 무려 10가지의 재료를 버무려 만든다. 그리고 이 양념장을 골고루 발라 참나무숯불에 직접 구워냄으로써 여느 집 장어구이 맛과는 다르게 느끼하지 않는 독특한 맛을 살려낸다.

장어 요리의 종류도 소금구이, 양념구이, 장어회 등으로 다양하다. 특히 장어회는 자연산만을 사용한다. 값은 자연산의 경우 구이가 1킬로그램당 12만원, 회는 1인분에 3만원으로 조금 비싸다. 반면 양식 구이는 1인분에 1만 2천원이면 먹을 수 있다.

금곡사 석문과 3층 석탑

강진 종합운동장 부근 사거리에서 좌회전하여 작천·병영 방면으로 2km쯤 올라가면 까치내 고개 입구 왼쪽에 금곡사가 있다. 금곡사(金谷寺)

라는 절 이름은 입구 양편에 자리한 석문과 관련이 있는 듯하다. 석문의 오른쪽 절벽에는 거대한 불상이 희미하게 새겨져 있다. 또한 이 금곡사 석문은 김삿갓이 세상을 떠돌다가 들러 그 절경에 반해 시를 남긴 곳으로, 시비에 "雙岩竝起疑紛爭/一水中流解忿心"이라는 시구가 새겨져 있다.

금곡사는 고려 초기 밀봉대사가 창건했다고 전하는 자그마한 절로서 원래는 조계종에서 1984년 태고종 사찰로 종단이 바뀌었다. 그리고 임진왜란과 6·25 때 전소되는 등 여러 번 폐찰의 수난을 겪었으나 1960년대에 민가형태의 법당과 요사를 지어 다시 그 명맥을 이어오다가 최근 들어 대웅전·천불전·명부전 등을 새로 지어 면모를 일신했다.

금곡사가 자랑할만한 문화재로는 보물 제829호로 지정된 3층석탑이 있다. 대웅전 앞에 있는 이 석탑은 옥개석까지의 높이가 532cm로 비교적 규모가 큰 편이다. 고려 초기의 양식을 따르고 있는 이 석탑은 지대석에 바로 각이 진 기단중석 받침을 깔고 8장의 판석으로 조립한 중석(中石)을 올려놓았다. 중석에는 귀기둥이나 면기

■ **금곡사 3층석탑** 고려 초기에 세운 것으로 백제와 통일신라의 석탑 양식을 일부 모방한 특징이 엿보인다.

둥이 전혀 표시되지 않았으며, 기단 중석의 너비가 지대석이나 갑석의 너비에 비해 좁고, 탑 전체의 비례감을 보더라도 작은 편이라 불안정하게 느껴진다. 이는 어느 때인가는 모르지만 탑을 중수하면서 중석의 규모를 줄여버렸기 때문이다.

특기할 만한 일은 1988년 6월 기울어진 석탑을 전면 해체·보수할 때 3층 탑신 윗면에서 사다리꼴 모양의 사리공이 발견되었는데, 그 안에서 세존진신사리 32과가 나왔다는 점이다. 여기에서 발견된 사리는 석탑 안에 다시 봉안하였다.

이 석탑에서 옥개석 윗면의 경사가 완만하고 우동마루가 두툼하게 표현된 것은 백제탑의 분위기를 얼마간 모방한 것으로 보고 있다. 또한 모서리의 풍경을 달기 위한 구멍을 수직으로 뚫는 방법도 부여의 정림사탑을 모방한 비인(庇仁) 5층석탑에서 볼 수 있어 주목된다. 그러나 기단과 탑신에 기둥을 조각하지 않은 점, 1층 탑신의 사면에 감실을 만든 점, 별도의 돌로 높게 깎아 만든 탑신받침은 통일신라시대의 모전석탑에서 볼 수 있는 특징을 지니고 있다고 한다.

땅뺏기놀이와 탈선놀이

전남 도의시범마을 최우수상(1993)을 받은 바 있는 군동면 화방마을에는 독특한 민속놀이가 이어져 오고 있는데, 땅뺏기놀이가 그것이다. 강진군의 민속놀이를 대표하는 이 땅뺏기놀이는 1976년 제8회 남도문화제에서 최우수상을 받았고, 이듬해에는 제18회 전국민속경연대회에서 장려상을, 1990년에는 사단법인 땅뺏기놀이 민속보존회 설립 인가를 받았을 정도로 유명하다.

또한 강진읍에서 국도 2호선을 타고 장흥 방면으로 가다가 용소리를 지나 좌측 풍동마을로 진입하여 북쪽으로 올라가다 보면 벽송이라는 중산간 마을이 나온다. 장흥군과 경계를 이루는 이 마을에는 전통혼례식 때 통과의례로 치루는 탈선(奪扇)이라는 재미있는 놀이가 있다. 신부집 주위에서 마을 청년들과 신랑측 간에 한바탕 걸죽한 입담으로 벌어지는 이 인사놀이는 그러나 안타깝게도 지금은 구경할 수가 없다. 사라져가는 우리의 옛 추억을 상기시키는 차원에서 탈선놀이의 담화(「여쭈어라」) 내용 일부를 여기에 소개한다.

동네 청년 : 낯선 사람이 뭣 하러 왔느냐고 여쭈어라.

신　랑 : 꽃을 따러 왔다고 여쭈어라.

동네 청년 : 한겨울에 무슨 꽃이 있느냐고 여쭈어라.

신　랑 : 이 마을에 예쁜 사람꽃이 있다고 여쭈어라.

동네 청년 : 사람꽃은 수백 냥이 있어야 가져간다고 여쭈어라.

신　랑 : 대장부는 수천 냥 값이라고 여쭈어라.

동네 청년 : 입향승속(入鄕乘俗)이라고 여쭈어라.

신　랑 : 정구죽천(丁口竹天)이라고 여쭈어라.

동네 청년 : 쨍쨍구리라고 여쭈어라.

신　랑 : 내가 수백 냥을 드리겠다고 여쭈어라(장갑 벗고 담배 4갑)

귤동마을과 갈대밭

　강진읍 로터리에서 우회전하여 10분쯤 구불구불한 해변도로를 타고 달리다가 다산초당을 오르기 전 자연스럽게 만나는 마을이 도암면 귤동마을이다. '귤동'이라는 이름은 예로부터 마을에 유자나무가 많은 데서 유래한 듯하다. 지금도 가을이면 집집마다 담장을 끼고 노란 유자들이 주렁주렁 달려 있어 골목길이 환해진 듯한 느낌을 받는다.

　그러나 귤동마을은 옛날의 정취를 많이 잃었다. 마을 사람들에 따르면, 70년대 중반까지만 해도 60여 가구가 넘을 정도로 제법 큰 마을이었다고 한다. 강진의 어느 마을이나 마찬가지겠지만 이농으로 인해 지금은 간신히 그 명맥만을 유지하는 마을이 되었다. 그나마 남아 있는 집들도 근래에 들어 다산초당을 찾는 답사객들을 상대로 민박집을 열거나 장사를 하는 경우가 많다. 강진군에서 정책적으로 이 마을 사람들에게 유자나 귤을 심으라고 권장한다지만 답사객들이나 여행객들의 눈요기를 위해 돈벌이가 안 되는 일을 할 수는 없을 터이다. 그러나 근래에 들어 강진군이 이곳에 한옥촌을 조성할 계획을 갖고 있다고 하니 자못 기대가 크다.

　80년대 중반까지만 해도 이 마을 앞 뻘밭에는 드넓은 갈대밭이 장관을 이루었다. 밀물 때면 바닷물이 마을 앞까지 들어왔다. 그러나 간척사업을 벌여 갈대를 모두 베어내고 바닷물을 멀리 둑 밖에까지 밀어낸 뒤 농경지로 바뀌었다. 그 당시 여행객들은 정작 다산초당보다는 가을이면 누렇게 물결치는 갈대밭을 보기 위해 이곳을 찾는 사람들이 더 많았다. 또한 갈대밭은 겨울이면 탐진만을 찾는 철새들의 보금자리였다. 당시 천일각에서 갈대밭을 끼고 바라보는 강진만의 전경은 얼마나 아름다웠던가. 그러나 지금은 굴동마을 앞 승강장 부근 습지에 갈대 몇 포기만 잔영처럼 남아 쓸쓸하기 그지없다.

다산의 시 중에 이 마을을 배경으로 쓴 것으로 보이는 것이 있으니, 그 유명한 「애절양」이다.

> 갈밭 마을 젊은 여인 울음도 서러워라
> 관아의 문 내달으며 하늘 보고 통곡하네
> 출정 나간 남편 못 돌아옴은 그럴 법도 하다지만
> 옛부터 남자 양기 자른다는 말 들어보지 못했노라.

'양기를 자른 슬픈 이야기'라는 뜻을 담고 있는 이 시는 다산이 강진에 유배 와서 쓴 고발시다. "갈밭 마을"이라 함은 이곳 굴동마을을 가리키는 듯하다. 잠만 자고 나면 아기가 생기고, 낳으면 식구 수에 따라 군포를 매기니 도저히 견디다 못한 백성이 자신의 양기를 자른다는 비참한 이야기를 전해 듣고 통곡하듯 읊은 시다. 다산은 이 시 이외에도 「탐진촌요」·「탐진농가」·「탐진어가」·「전간기사」 등 강진 농어민의 비참한 생활상과 지방 관리나 토호들의 수탈상을 고발한 수많은 시를 남겼다.

다산초당 안내 간판 부근의 현 해남 윤씨 기와집 앞에는 다산이 초당에서 내려와 밥을 먹던 집이 있었다는 자리다. 만덕리 덕산부락 유영우씨(63세)의 증언에 따르면 다산초당이 복원되기 전까지만 해도 해남 윤씨의 사랑채였던 그 초가집이 남아 있었다고 한다. 그리고 다산초당으로 올라가는 길도 현재의 코스대로가 아니었다. 유씨에 따르면 당시의 길은 안내 간판 부근에서 대밭을 가로질러 다산의 18제자의 한 사람이었던 윤종진의 묘소가 있는 곳까지 직선으로 이어져 있었다는 것이다. 그러니까 지금의 길은 복원 당시 새로 조성한 길이라는 이야기다.

다산학의 산실 다산초당

다산초당은 1801년 강진으로 유배온 정약용이 1808년 강진읍에서 옮겨와 1818년 해배될 때까지 10여 년간 살았던 곳이다. 원래 이곳은 귤림 처사 윤단의 산정(山亭)으로 주로 귤동 마을에 사는 해남 윤씨의 자손들이 초당을 짓고 천여 권의 장서를 소장하여 학문을 일삼던 곳이었다고 한다. '다산(茶山)'이라 함은 초당이 자리한 산의 이름을 말하거니와 정약용의 호도 여기에서 따온 것이다. 이 산에는 지금도 자생 차나무가 지천으로 많아 이름값을 하고 있다. 그러나 현재의 다산초당은 당시의 원형과는 상당히 달라서 예비지식이 없이 찾아온 답사객들의 오해를 불러일으킬 소지가 크다. 그가 스스로 지은 「자찬묘지명」을 보자.

무진년(1808) 봄에 다산으로 거처를 옮겼다. 축대를 쌓고 연못을 파고 줄을 맞춰 꽃과 나무를 심고 물을 끌어다 비류폭포를 만들기도 했다. 동암과 서암 두 초막을 마련하여 장서 천여 권을 쌓아두고 저술을 하면서 스스로 재미를 느끼고 살았다. 다산은 만덕사의 서쪽에 위치한 곳인데 처사 윤단의 산정이다. 석벽에 '정

■ **다산초당** 원래 자그만 초가로서 유배가 풀린 이후 폐가로 방치되던 것을 1958년 다산유적보존회가 번듯한 기와집으로 변형·복원했다. 그러나 조만간 강진군에서 원래의 초가로 다시 복원할 계획이다.

석(丁石)' 두 자를 새겼다.

원래 다산초당은 문자 그대로 조그만 초가였다고 한다. 그러나 해배 이후 무너져 폐가로 방치되던 것을 1958년 이곳 해남 윤씨들을 주축으로 한 다산유적보존회가 정면 5칸 측면 2칸의 번듯한 기와집으로 변형·복원했다(이 복원 사업 착수를 위해 만덕리에 살던 해남 윤씨 행당파인 윤재원 씨는 죽기 전 자신의 재산 전부를 헌납했다고 함). 이 점은 제자들을 강학했던 서암이나 다산이 직접 기거하며 저술활동을 펼쳤던 동암도 마찬가지다. 이는 유홍준 교수의 지적대로 다산을 기리는 마음에서 일부러 살아생전의 오막살이를 헐고 큰 집을 지어드린 것으로 충분히 이해가 되지만, 후세의 답사객들로 하여금 다산의 유배생활을 가감 없이 이해토록 하기 위해서 원형 그대로를 살렸더라면 훨씬 실감나고 좋았을 것이라는 아쉬움이 남는다. 다행히도 최근 강진군에서는 문화재청으로부터 지원을 받아 다산초당의 기와지붕을 초가지붕으로 교체·복원하고, 기존 건물은 다산유물전시관으로 이건할 계획이라고 한다. 하지만 수십 년간 알려진 기존 이미지로 인해 많은 혼란이 따를 것이 예상되므로 신중에 신중을 기해야 할 것으로 보인다.

그러나 다산초당은 아직 원형들이 많이 남아 있는 편이다. 먼저 초당이 들어선 축대는 다산이 직접 쌓은 것이라고 하며, 차를 달였던 마당 앞 다조(茶竈)도 그대로이다. 그리고 초당 오른쪽 석벽에 새겨진 정석(丁石)과 그 옆에 서 있는 적송 한 그루, 연못과 비류폭포(원형대로 살림), 연못 앞에 있는 배롱나무, 초당 옆에 있는 작은 약천 등도 마찬가지다.

초당과 동암에는 '다산초당(茶山艸堂)'과 '보정산방(寶丁山房, 정약용을 보배롭게 모신 산방)'이라는 두 점의 현판 글씨가 각각 걸려 있다. 둘 다 추사 김정희의 글씨다. 행서체인 다산초당은 추사의 글씨를 집자한 것이며, 예서체의 변형인 보정산방은 추사가 직접 쓴 것이다. 그리고 동암의 현판 글씨인 '다산동암(茶山東菴)'은 다산의 글씨를 집자한 것이다. 이들 현판들은 해배 이후 다산의 제자들이 스승의 유배 행적을 기리기 위해 추사에게서 글씨를 받거나 집자하여 걸었던 것으로 추정되고 있다.

다산초당이 자리한 곳은 산의 계곡마냥 움푹한데다가 사방으로 동백나

■ **정석** 다산초당 주변에는 정석, 약천, 다조 등 유배의 흔적들이 원형 그대로 남아 있다. 사진은 다산이 직접 새긴 정석(丁石).

무·대나무·소나무 등이 우거져 있어 대낮에도 어두컴컴하다. 게다가 음습한 냉기가 항상 감돌고 있어 한여름에도 소슬한 느낌이 들 정도다. 그리고 초가가 아닌 육중한 기와집은 지나칠 정도로 근엄하여 보는 이를 압도한다. 그래서 다산초당 툇마루에 잠시 앉아 다산의 이미지를 떠올리노라면 왠지 조금도 흐트러짐이 없는 대학자의 차가운 엄숙미가 풍긴다. 한 마디로 다산초당의 분위기는 답사객들의 발길을 오래 붙들지 못한다. 무겁고 답답한 느낌을 견디지 못하기 때문이다. 그래서 서둘러 지나치면 겨우 숨통이 트이는 곳이 천일각이다.

천일각에서 바라본 탐진만

동암 옆에 있는 천일각은 다산 유배 때에는 없었던 누각으로 1978년에 세워진 것이다. 이곳은 다산초당과는 달리 앞이 탁 트인 곳으로 저술 활동에 지친 다산이 잠시 앉아 머리를 식히거나 멀리 흑산도로 유배간 형님 정약전을 그리며 하염없이 바다를 바라다보았음직한 곳이다.

이곳 천일각에서 바라본 강진의 산하는 천하일품이다. 바다 건너 칠량 쪽으로는 서편제 가락처럼 부드럽고도 유장한 산의 능선들이 너울너울 춤을 추며 바다로 빠져들고, 그 너머로는 희미하게 장흥의 명산 천관산이 보인다. 산 아래에는 내륙 깊숙이 침투한 강진만 바다가 비단결처럼 잔잔한데, 그 위로 대섬(竹島)을 비롯한 가우도·가막섬 등이 오리새끼들처럼 잠방거리며 떠 있다. 날이 좋은 날은 완도 쪽 바다 멀리 다도해가 눈에 들어온다. 밤이 되면 강진만을 사이에 두고 칠량과 신전의 저녁불빛들이 눈물을 글썽이듯 깜박거린다. 다만 산 아래 가득 펼쳐지던 바다와 갈대밭이 간척사업으로 인해 멀리 달아나 있는 점이 옥에 티라면 티다.

일상에 지쳐 마음이 심란할 때 이곳에 찾아와 바다를 보고 있노라면 마음이 한없이 적요롭고 편안하다. 필자는 가끔씩 왜 이곳이 '강진 8경'에서 빠져 있을까를 생각하곤 한다. 아마 경회 김영근이 「강진팔경」을 쓸 무렵 천일각이 없었기 때문이리라. 그러나 필자는 강진 사람들이 마땅히 믿고 예찬하는 「강진팔경」을 그리 믿지 않는 사람이다.

썰물이 지면 온통 바다물이 멀리 마량 앞바다 부근까지 빠져나가면 강진만은 온통 뻘밭이 된다. 그 위에서 조개며 낙지를 잡는 사람들, 겨울이면 뻘밭 위로 하얗게 펼쳐지는 철새들의 군무가 또한 장관이다.

다산초당을 빠져나와 우회전하여 약 300여 미터 더 가면 다산유물전시관과 다산교육관이 나온다. 이 전시관에는 다산의 생애와 학문에 관한 많은 자료가 전시되어 있다. 그리고 입구 쪽에는 전통찻집 '들꽃이야기'(061-433-9273)가 있다. 서각공예가 김성씨가 운영하는 이 찻집은 강진의 야생차를 마시며 여행의 피로를 달랠 만한 곳이다.

해남 윤씨 일가와 다산

다산 정약용은 초당으로 옮겨온 이후부터 한결 여유로운 유배생활을 보낸다. 그는 이곳에서 구강포의 수려한 풍광을 벗 삼아 시를 짓고, 제자들을 강학하고, 저술활동에 전념한다. 특히 그가 남긴 500여 권의 저서 중 1표2서(『목민심서』・『경세유표』・『흠흠신서』)를 비롯한 대부분의 책들이 이곳에서 탄생했다.

정약용이 강진읍에서 다산초당으로 옮겨올 수 있게 된 데는 그의 외척인 해남 윤씨 일가의 도움이 절대적으로 컸다. 처음엔 그들도 다산을 죄인으로 대하며 멀리하기는 마찬가지였다. 그러나 세월이 흐르면서 피는 물보다 진하다는 사실을 외면할 수 없었던 그들은 다산을 따스하게 감싸 안는다.

특히 다산초당의 주인이었던 윤단과 그의 세 아들(윤규로・윤규하・윤규)의 도움이 컸다. 시골 지식인이었던 윤단은 손자들인 윤종기・윤종

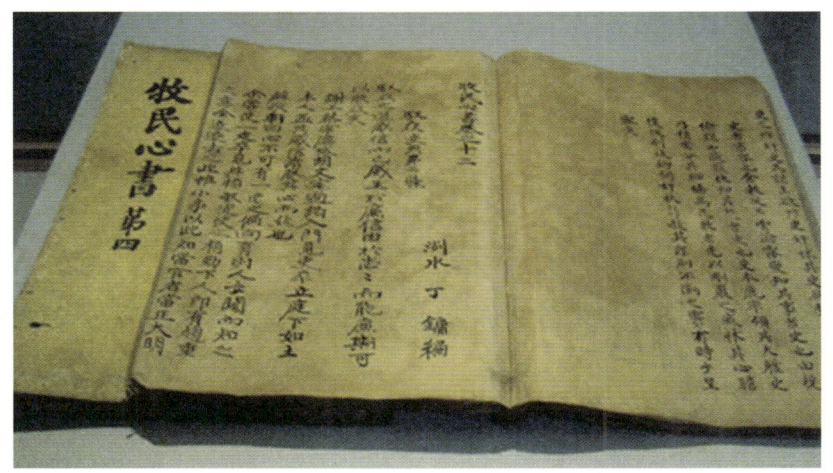

■ 목민심서 원본 다산이 나긴 500여 권의 저서 중 『목민심서』는 『경세유표』·『흠흠신서』
와 함께 1표 2서로 꼽힌다.

벽·윤종심·윤종두·윤종삼·윤종진을 가르치기 위해 강진 읍내에 있
던 다산을 초빙, 숙식을 제공하며 학문할 장소를 마련해 주었던 것이다.
이들 6명 윤단의 손자들은 모두 다산의 18제자에 속한다. 다산의 18제자
들은 다산이 해배된 뒤까지도 제자의 도리를 다하며 스승의 학문을 계승
하기 위해 노력을 게을리 하지 않았고, 다산이 즐겨하던 차를 보내주는
정성을 잊지 않았다. 더욱이 유배시절 남겼던 500여 권의 방대한 저술은
다산 혼자의 힘이 아니라 이들 제자들의 지극한 뒷받침이 있었기에 가능
했다는 사실을 간과해서는 안 되리라.

굴동 마을의 해남 윤씨 일가들뿐만 아니라 이웃 항촌(項村) 마을 윤씨
일가의 도움도 컸다. 훗날 다산의 사위가 된 윤창모의 할아버지인 윤광택

과 아버지인 윤서유가 그들이다. 당대 강진의 부호였던 윤광택은 다산 아버지의 친구였으며, 또 그의 아들인 윤서유는 선친들 간의 인연으로 다산과 죽마고우가 되었다. 윤서유는 젊은 시절 경기도 광주까지 찾아다니며 다산 형제들을 비롯한 다산 일파들과 교유를 맺었던 남인계의 유망한 청년이었다. 이들 부자는 다산이 유배온 직후부터 몰래 술과 고기를 보내 위로하는 등 백방으로 도움을 아끼지 않았다. 이러한 인연으로 다산은 1812년 외동딸을 윤서유의 아들인 윤창모와 혼인케 함으로써 두 집안은 사돈지간이 된다. 윤창모는 「다신계안」에는 그 이름이 빠졌으나, 그의 아들이자 다산의 외손자인 윤정기와 함께 다산초당에서 글을 배운 제자였다.

아무튼 다산초당에서의 유배생활 10년은 이들 해남 윤씨 일가를 비롯한 18제자들을 빼놓고는 거론할 수 없다. 그럼에도 불구하고 다산학의 기반을 마련했던 이들에 대해선 겨우 그 이름만이 알려지고 있을 뿐 재조명 작업이 전혀 이루어지지 않고 있는 실정이다. 이 점은 다산학 연구자들이 앞으로 해결해야 할 과제다.

죄인인가, 은자인가

흔히 사람들은 다산 정약용이 강진에 유배와 18년 동안 오로지 학문 연구와 저술 활동에만 전념했을 것으로 생각하고 있다. 그도 그럴 것이 다산은 이 땅을 대표하는 대학자로서의 이미지가 강할 뿐만 아니라, 500여

권에 이르는 저서의 대부분을 유배지인 강진에서 저술했기 때문이다. 게다가 현재의 다산초당은 그러한 선입감에 걸맞게 무겁고 엄숙한 분위기를 풍기고 있다.

하지만 그도 오욕칠정을 지닌 인간인데 어떻게 공부만 하고 있었겠는가. 유배 초기인 강진읍에서의 생활은 대체로 여유가 없고 피폐했던 것으로 기록되어 있다. 그래서 바깥출입을 극도로 자제했다(물론 전술했다시피 강진읍에서도 알게 모르게 아암 선사라든지 이청 등 여섯 제자들의 도움이 있긴 했다). 그러나 다산초당으로 옮겨오면서부터 그의 생활은 이전과는 확연히 다른 것이었다. 다소 과장해서 표현한다면, 그것은 결코 유배객의 생활이라고는 볼 수 없을 만큼 자유스럽고 풍족한 것이었다. 이러한 생활을 누릴 수 있었던 배경에는 그의 외가인 해남 윤씨 일가의 도움이 있었기에 가능했음은 물론이다. 그의 형님인 손암 정약전이 사고무친의 절해고도 흑산도에서 그 징상스러운 파도소리만 듣다가 쓸쓸히 생을 마감한 것과는 퍽이나 대조적이다. 이 점에서 본다면 다산은 행운아임에 틀림없다.

그렇다고 다산이 무슨 물질적으로 호사스러운 생활을 누렸다는 뜻은 아니다. 선비로서 또는 시인·학자로서 정신적인 안정과 여유를 누릴 만한 여건이 충족됐다는 뜻이다. 우선 미천한 신분이 아닌 남인 계통의 해남 윤씨 자제들을 중심으로 이루어진 18명의 우수한 제자들은 그의 학문적 욕구를 자극하고 저술 활동을 도와주기에 충분했다. 다음으로, 아암 선사와 초의 선사를 비롯한 이웃 해남 대흥사의 학승과 경승들이 그를 찾아와 담론을 나눔으로써 학문적 교유는 물론 다도를 즐길 수 있었다. 그 다음으로, 초당 아래로 펼쳐진 구강포의 수려한 경관은 그의 정서 생활과 풍류를 즐기기에 적격이었다. 마지막으로, 해남 윤씨 일가들의 물질적 배려가 넉넉했다. 다음은 다산초당 시절 그의 여유로운 생활을 엿볼 수 있는 한 토막이다.

> 내가 다산에 우거한 지 이제 4년이 되는데, 언제나 꽃이 피면 산보를 나간다. 산의 오른쪽으로 고개를 하나 넘고 시내를 건너가 석문(石門)에서 바람을 쐬며, 용혈(龍穴)에서 쉬고, 청라곡(青蘿谷)에서 물을 마시고, 농산(農山)에 있는 농막에서 잠을 잔 뒤에, 말을 타고 다산으로 돌아오는 것이 늘상 하던 일이다.
> 개보(皆甫, 尹書有)와 그의 사촌 동생 군보(群甫, 尹詩有)가 술과 물고기를 가지고 와서 어떤 때에는 석문에서 기다리고, 어떤 때에는 용혈에서 기다리거나, 어떤 때에는 청라곡에서 기다렸다. 이미 취하도록 마시고 배불리 먹은 뒤에는 그들과 함께 농산에 있는 농막에서 낮잠을 자는 것도 늘상 하던 일이다.
> —「조석루기」에서.

위의 글은 다산이 당대의 부호이자 그의 사돈인 도암 항촌 윤광택(尹光宅)의 집에 있는 '조석루'에 관해 지은 글로서 당시 은자로서의 그의 생활을 자세히 보여준다. 윤서유는 그의 사위인 윤창모의 아버지이다. '석문'은 나중에 다시 언급하겠지만 강진의 소금강이라 불릴 만큼 기암괴석으로 유명한 곳이며, '용혈'은 석문산 옆 덕룡산에 있는 굴이다. '농산'은 지금의 지명 그대로이다. '청라곡'은 현재의 이름과 달라 어디를 지칭하는지 구체적으로 모르겠으나 그 일대에 있는 어느 골짜기의 이름일 터이다. 다산초당 시절 그는 강진의 관리와도 가까웠던 것으로 보인다.

내가 처음 강진에 귀양 와서 읍성 안에 있을 때에는 항상 답답하여 마음이 시원치 않았는데, 다산에 옮겨 살면서부터는 안개와 놀을 마시고 꽃과 나무를 구경하니, 귀양살이하는 시름을 호연히 잊게 되었다. 이는 곧 즐거움이 괴로움에서 나온 것이다. 얼마 뒤에 도강병마우후(道康兵馬虞侯) 이군 중협(李君 重協)이 우거진 숲속 그윽한 시냇가로 나를 찾아왔다. 그런데 돌아가고 나서는 편지를 날마다 보내오는가 하면, 조각배로 조수(潮水)를 타고 뱃놀이를 하거나 한 필의 말을 타고 봄놀이를 즐기기 위해 거르는 달이 없이 자주 찾아왔는데, 이와 같이 한 지가 지금 3년이나 되었다.

― 「이중협 시첩 서문」에서.

위의 인용문에 나오는 "도강"이라 함은 지금의 강진 병영 일대를 가리킨다. 당시 병영에는 전라병영성이 있었다. 그러니까 "이중협"이라는 사람은 병영성의 병마우후라는 관직을 맡은 벼슬아치였던 것이다. 그런 그가 죄인인 다산을 찾아와 탐진 바다의 갈대밭이나 죽도(竹島) 부근에 조각배를 띄우고 뱃놀이나 낚시를 즐겼다는 사실은 지방 관리들도 그의 학식과 덕망을 존경하고 따랐음을 보여준다

이렇듯 그는 다산초당 시절 죄인으로서의 모든 시름이나 처자식에 대한 그리움을 잊고서 아름다운 강진의 산하를 돌아다니며 유유자적하는 생활을 즐겼다. 이러한 행적은 유배 생활의 괴로움을 잊고자 하는 데서 비롯됐음은 물론이다. 따라서 "즐거움이 괴로움에서 나온 것"이라는 다산의 고백은 의미심장하다.

강진과 다산의 고발문학

그러나 유배 말기로 올수록 다산의 눈에 보이는 강진 백성들의 비참한 현실과 그의 귀에 들리는 당대의 시대적 모순들은 그를 은자로서 유유자적하도록 내버려두지 않았다. 그래서 세상을 구제하기 위한 지식인의 사명을 자각하고 팔을 걷어붙인 것이 저술 활동이다. 그는 어깨에 견비통이 일어나 몸을 제대로 가눌 수 없을 때까지 맹렬한 저술 활동을 벌인다. 여기에 그의 제자들의 도움이 뒷받침된 것은 물론이다. 『목민심서』 등 그의 명저들이 유배가 끝날 무렵인 마지막 5년 동안에 집중적으로 씌어졌음은 주목할 만한 사실이다.

조선시대 전라도의 아전들은 그 횡포와 탐학이 드세기로 소문나 있었다. 그래서 황현은 『매천야록』에서 조선의 세 가지 폐단의 하나로 '전라도 아전'을 들었다. 그런데 전라도 중에서도 강진과 해남의 아전들은 드세기로 으뜸이었다. 그래서 다산은 이들 아전들의 횡포와 백성들의 고통을 『목민심서』를 비롯한 「용산리(龍山吏)」·「파지리(波池吏)」·「해남리(海南吏)」 등의 시를 통해 신랄하게 고발한다. 용산은 지금의 강진군 도암면 용흥리, 파지는 옛 파지대면을 가리키며, 해남은 지금의 해남군을 말한다. "아전들이 용산마을에 쳐들어와서 소를 끌어내 관리에게 넘기는구나"로 시작되는 「용산리」 등의 시들은 다산이 강진에 유배와 있지 않았다면 쓸 수 없었던 생생한 현장 고발시라 아니할 수 없다. 앞에서 소개했던 「애절양」이란 시도 마찬가지다. 이렇게 보면 다산의 명저들은 강진땅이라는 생생한 현장이 있었기에 태어날 수 있었음을 간과해서는 아니 될 것이다. 그러므로 다산사상 혹은 다산학을 제대로 이해하기 위해서는 그것들이 태어난 현장인 강진 땅을 둘러보지 않고서는 불가능하리라.

한편, 다산 정약용은 40세 되던 1801년 신유사옥에 연루되어 강진으로 유배와서 58세 되던 1818년 해배되어 그의 고향 경기도 광주군 마현리(현 남양주시 조안면 능내리. 양수리 저수지 부근)로 돌아가 조용히 살다가 75세를 일기로 세상을 떠났다. 그런데 그의 해배와 관련된 이야기 한 토막이 있어 여기에 소개한다.

■ 다산 정약용의 영정

다산이 해배되기 전 어느 날 전라도 암행어사로 내려온 죽마고우 김이교(金履喬)가 적소인 다산초당을 찾아왔다. 오랜만에 갖는 술자리에서 김이교는 다산에게 넌지시 귀향할 뜻을 타진했다. 그러자 다산은 아무 말 없이 김이교의 손에 쥐어진 부채에 다음과 같은 시를 적어 줌으로써 자기의 심정을 대신했는데, 이 시가 유명한 「선자시(扇子詩)」다.

역두(驛頭)를 적시는 가을비에 사람 보내기 어려워라
이 절역(絶域)에 그가 떠난 뒤 누가 다시 날 찾겠는가

반열(班列) 자리에 다시 오를 것을 어찌 바랄 수 있으리오
오얏꽃 언덕 한양에 돌아가는 일 모름지기 기약이 없네
면사(面舍)에서 글 쓰던 그 날을 부디 잊지나 마소
경년(庚年)에 떨어진 칼날의 슬픔 차마 말 못하겠네
푸른 대 두어 떨기 달 그늘에 남아 있네
옛 동산으로 머리 돌리니 눈물만 뚝뚝 지는구나.

다산의 심중을 헤아린 김이교는 한양으로 돌아가 부채를 든 채로 임금 앞에 나아가 그간의 민정(民情)을 아뢰었다. 그의 이러한 행동은 궁중의 법도에 맞지 않는 것이었다. 이를 괴이하게 여긴 임금이 그 사유를 묻자 그는 선자시를 바치며 다산이 아직도 적소에 있음을 알리고 간곡하게 해배를 청하였다. 이에 임금이 즉석에서 해배를 명함으로써 다산의 길고 긴 유배 생활이 끝나게 되었다는 이야기다.

백련사 가는 오솔길

대개 다산초당을 찾는 답사객들은 천일각에서 구강포를 바라보는 것을 끝으로 텅텅거리며 하산해 버린다. 그리고는 차를 몰고 다시 백련사를 찾는다. 정작 두 곳은 따로 찾아가는 것이 아닌데 말씀이다. 그런 사람들의 경우 십중팔구는 다산초당과 백련사가 이웃한 뜻을 모른다.

물론 여기에는 그럴만한 이유가 있을 것이다. 첫째는 백련사로 통하는

오솔길이 있다는 사실을 모르기 때문일 것이고, 둘째는 모두 걸어서 백련사로 넘어가면 차를 몰고 갈 사람이 없기 때문일 것이고, 셋째는 오솔길이 있다는 사실을 알아도 관심 밖이거나 피곤해서 걷기 싫기 때문일 것이다. 첫째와 둘째는 그렇다 손치더라도 셋째의 경우는 도대체 답사의 참뜻을 모르는 경우라 할 것이다.

다산초당과 백련사 사이에 놓인 오솔길은 서로에게 통하는 지름길이다. 그래서 그 길은 다산초당에서 출발하면 백련사 가는 길이 되고, 백련사에서 출발하면 다산초당 가는 길이 된다. 답사의 참맛을 아는 사람들은 반드시 이 오솔길을 통해 두 곳에 이르러야 한다고 말한다. 필자도 그렇다.

백련사 가는 오솔길 입구는 천일각과 동암 사이에 있다. 입구에 작은 팻말이 세워져 있다. 원래 이 길은 다산 정약용이 백련사의 혜장 선사를 만나러 다니던 길이다. 아니 반대로 혜장 선사가 다산을 만나러 산을 넘던 길이라 해도 좋다. 두 분의 발자국이 아직도 살아 숨쉬는 듯한 이 오솔길은 그러므로 사색의 길이라고 해야 적합하리라. 백련사까지는 느린 걸음으로 40여 분 걸린다.

폭이 1m도 채 안 되는 이 포럼한 오솔길은 산의 생김새대로 굽이친다. 완만하다가도 가파르게 이어지기를 반복한다. 그래서 자연의 길에 가깝다. 봄이면 입구에서부터 진달래꽃들이 화사하게 손목을 잡는다. 그리고 온갖 이름 모를 풀꽃들이 박수를 친다. 산의 품속 어디쯤에서는 뻐꾸기 울음소리가 한가로이 들려온다. 이따금씩 다람쥐며 청설모들이 나타나 총총걸음으로 길을 안내한다. 산등성이에 이르면 구강포의 탁 트인 풍경

■ **백련사 오솔길** 다산초당과 백련사를 잇는 이 오솔길은 다산과 혜장 스님의 발자국이 찍혀 있는 사색의 길이다.

이 수채화처럼 펼쳐진다. 빨리 걸으려 하면 칡넝쿨이 발목을 잡는다. 내리막길에서는 늙은 나무들이 몸을 받쳐준다. 그렇게 얼마쯤 가면 수천 그루의 동백나무 군락이 나타난다. 그것들은 백련사에 도착한 걸 환영이라도 하듯 저마다 빨간 꽃을 달고 축포를 터뜨린다. 고개를 들어 산정을 보면 문자 그대로 백련(白蓮) 한 송이가 부처님처럼 커다란 미소를 머금고 있다. 천년고찰 백련사는 그렇게 찾아가는 것이다.

이왕 말이 나온 김에 이 오솔길에 대해 몇 마디 덧붙이고 싶다. 첫째, 다산초당과 백련사를 찾는 사람들이 꼭 걸어가 볼 만한 필수 코스다. 둘째, 어른 아이 할 것 없이 자연생태학습의 장으로 제격이다. 셋째, 3월 중순쯤에 넘어가야 가장 좋다. 넷째, 연인이든 친구든 두 사람이 넘어가야 좋다(여러 사람이 떼를 지어 왁자지껄 넘어갈 바엔 차라리 혼자 가는 편이 더 나음).

그러나 이 오솔길은 너무 거칠고 정돈이 안 되어 있는지라 다소 불편한 것도 사실이다. 그래서 강진군에서는 앞으로 이 길을 정비할 계획을 세우고 있는 줄로 안다. 이왕 정비할 바엔 원형을 최대한 살려달라고 부탁하고 싶다. 함부로 주변 풍광을 훼손하거나 편리 위주로만 정비를 한다면 차라리 안 하는 것만 못하다는 사실을 깊이 인식해야 할 것이다. 굳이 길 주변을 정비할 필요가 있다면 필자의 생각으론 길옆에 차나무를 심는 것도 좋으리라. 왜냐하면 이 산이 옛날부터 차나무가 자생하는 다산(茶山)이기 때문이다.

혜장 선사와 다산

그리고 다산과 막역한 우정을 나누었던 혜장 선사(별호는 아암, 이름은 혜장)를 비롯한 해남 대흥사의 승려들에 대해 좀더 이야기를 해야 할 듯 싶다. 혜장 선사는 앞에서도 보은산방을 소개할 때 이야기한 바 있지만, 해남 대흥사의 큰 학승으로서 말사인 백련사에 머물 무렵부터 물심양면으로 다산을 도운 사람이다. 10살이나 아래였던 그는 다산을 스승 겸 글벗으로 예우하며 유배의 아픔을 달래 주었다. 불경 이외에도 『주역』 등 유교의 경전에 통달했던 그는 다산의 학문적 파트너였다. 그는 다산으로부터 『논어』 등 유교의 경전을 깨우친 대신 다산과 함께 다도(茶道)로 교우하였다.

두 사람은 다산이 초당으로 옮겨오면서부터 서로를 찾는 발길이 잦았다. 서로를 생각하는 장력(張力)이 얼마나 깊었으면 오솔길이 열렸겠는가. 그래서 다산은 「아암탑명」이라는 글에서, "그가 찾아오는 것이 더욱 잦았으니, 미묘한 말과 오묘한 뜻을 넓고 크게 얻어내었다"고 실토한 바 있다. 그러나 아암 혜장 선사는 불가의 학승이었음에도 불구하고 과도한 음주로 인해 불행히도 빨리 세상을 뜨고 만다. 그래서 유교의 경전에 관심이 깊었던 그를 다른 중들이 미워하여 "선생"이라 불렀다고 한다. 다산은 그의 죽음을 슬퍼하는 만시와 제문 그리고 탑명(塔銘)을 지어 만남과 교유 과정을 기술한 바 있다. 여기에 그 만시(조시)를 소개한다.

이름은 중 행동은 선비라 세상이 모두 놀랐거니

슬프다, 화엄의 옛 맹주(盟主)여
『논어』책 자주 읽었고
구가의 『주역』 상세히 연구했네
찢긴 가사 처량히 바람에 날려가고
남은 재 비에 씻겨 흩어져버리네
장막 아래 몇몇 사미승
선생이라 부르며 통곡하네

아암이 입적한 후로도 가까운 해남 대흥사의 학승들과 다산의 교유는 계속된다. 수룡색성과 기어자홍 등 아암의 제자들과 한말 최대의 학승인 초의 대사 의순(1786~1866)이 그들이다. 특히 초의 대사는 대흥사의 마지막 대종사로서 다산의 제자가 되어 자주 초당을 찾았다고 한다. 다도의 대가로서 그가 지은 『동다송』은 유명하다.

결국 다산은 이들 대흥사의 학승들과의 교유를 통해 유교의 경전에 대한 새로운 발견과 해석을 할 수 있게 된다. 유교와 불교의 충돌 없는 행복한 만남을 통해 새로운 다산학이 탄생하게 된 것이다. 이렇듯 다산에게 있어 강진은 척박한 변방의 유배지가 아니라 중앙 못지않은 여건이 갖추어진 행운의 땅이었다.

백련사 동백숲

오솔길이 끝나는 지점에서 만나는 동백나무숲은 백련사의 명물이다. 백련사 일대에는 입구에서부터 총 7천여 그루의 동백나무들이 거대한 군락을 이루고 있다. 그 중 부도가 서 있는 절간 서쪽 언덕의 동백숲은 압권이다. 천연기념물 151호로 지정된 이 동백숲은 우리나라에서 가장 그 규모가 크다. 흔히들 동백숲 하면 고창 선운사를 떠올리지만 백련사에 와서 보면 생각이 완전히 바뀐다. 백련사 동백숲은 선운사의 그것보다 훨씬 연륜이 깊고 운치가 뛰어나다. 게다가 4월이 되어서야 피는 선운사 동백꽃과는 달리 2월 말부터 벙글기 시작하여 3월 중순쯤이면 절정을 이룬다. 따스한 해양성 기후의 영향 때문이다. 그 무렵 백련사를 찾으면 빨간 동백꽃들이 절간 일대를 완전히 포위하는 장관을 목격할 수 있다. 그리고 낙화의 시기인 3월 말쯤이면 동백숲 밑바닥은 빨간 꽃송이들이 지천으로 깔려 눈물겹도록 환하고 아름답다. 필자가 쓴 「백련사 동백숲」 연작시 중 한 편을 여기에 소개한다.

> 백련사 동백숲은 대낮에도 어둡다 이파리들은 햇빛을 받으러 위로만 위로만 올라가고 몸뚱이며 가지들은 헐벗어 적나라하다 거기 서늘한 고요가 그늘을 친다 상처를 스스로 치유할 줄 아는 동백들 가지가 부러지고 잘릴 때마다 수액으로 감싸고서 다시 길을 간다 상처는 옹이가 져서 공처럼 둥글고 단단하다 옹이의 길은 삐뚤삐뚤하거나 울퉁불퉁하다 가지들이 허공에서 수많은 길을 내고 길을 버린다 무수한 길들이 만나고 헤어지는 가지의 끝 그 길의 종점에서 비로소 피는

■ 백련사 동백숲의 낙화(상)와 울퉁불퉁한 형상(하) 3월 중순이면 개화의 절정에 이르는 백련사 동백숲은 연륜과 운치가 뛰어나기로 나라 안에서 으뜸이다.

꽃을 보라 그 수만 송이 꽃불들로 생살을 찢고 나오는 열혈로 추위 쟁쟁한 강진의 하늘 한 켠이 아연 뜨겁다.

— 「백련사 동백숲 · 3」

　백련사 동백나무들은 그 생김새가 하도 독특해서 여느 것과는 분명히 구별된다. 대개 동백나무들이 표피가 매끄럽고 굴곡이 없지만, 백련사의 그것은 수백 년의 수령 탓인지는 몰라도 울퉁불퉁 상처투성이다. 그냥 굴곡 없이 밋밋한 놈들은 하나도 없다. 가만히 들여다보면 근본부터 뒤틀린 놈, 생을 포기하고 까맣게 썩어 나자빠진 놈, 온몸에 암 덩어리를 줄줄이 매단 놈, 고통스럽게 얼굴이 일그러진 놈 등 제 각각이다. 고해의 형상과 같은 그것들을 바라보는 일만으로도 마음은 충분히 고통스럽다. 그래서 백련사 동백나무숲은 상한 짐승들의 요양소 같다.

　3월 중순쯤 이 동백숲으로 들어와 보라. 그리고 울퉁불퉁한 나무의 몸통을 보듬고 가만히 귀를 대어 보라. 그러면 늙은 동백나무들이 길고 긴 저마다의 아픈 사연들을 내밀하게 들려줄 것이다. 숱한 비바람에 가지가 부러진 세월의 역사를 들려줄 것이다. 그 부러진 가지의 상처를 자신의 수액으로 둥그렇게 치유하고 끝끝내 살아남아 뜨거운 꽃을 피우는 이야기를 들려줄 것이다. 그러면 당신은 별수 없이 눈물나리라. 그러므로 당신의 영혼이 상처를 받았다면 홀연히 백련사 동백숲을 찾아가 보라. 그러면 분명 늙은 동백나무들이 당신을 따뜻하게 위무해 줄 것이다.

8대 국사와 8대사 배출의 도량

　백련사는 고려시대 불교결사운동의 본거지이자, 고려시대 8대 국사와 조선시대 8대사를 배출한 도량으로 유명하다. 만덕산(408.6m) 정상의 바위들이 한 송이 백련을 피워 절간을 감싸고 있다. 산기슭에 우뚝 서 있는 절간의 자태는 시원하고도 단아하며 또한 의젓하고도 엄숙하다. 그러나 이 절간은 정면이 탁 트인 망해사라서 그런지 서늘한 기운이 내내 감도는 대신 안온함이 부족하다.

　그런 면에서 백련사는 성전에 있는 무위사와는 여러 모로 대비된다. 무위사는 들어가는 길목이 들판을 끼고 있어 평평하고 편안하다. 게다가 절간을 감싸고 있는 산이 야산마냥 야트막하고 산자락 또한 굴곡이 없다. 바다가 없는 대신 마을과 이웃해 있어 정겹고 극락보전도 검소한 맛이 풍긴다. 한 마디로 무위사는 따뜻한 분위기가 물씬 풍기는 대표적인 절간이다. 그러나 백련사는 만덕산 기슭에 있어 진입부터가 힘이 들고 고압적이다. 탐진만에서 해풍이 와 닿고 계곡으로부터 음산한 기운이 올라온다. 만덕산 정상의 바위들도 고고한 만큼 딱딱하여 차가운 인상을 풍긴다. 게다가 대웅전 앞에 육중한 몸매로 서 있는 만경루 등 절간의 가람배치는 거만한 벼슬아치를 연상케 한다. 서민이나 검소한 선비를 떠올리는 무위사와는 퍽 대조적이다.

　그래서인지는 몰라도 근래에 들어 백련사는 개보수 공사가 한창이다. 만경루를 완전히 뜯어 새로 짓고 있다. 또한 진입로 변경공사를 한답시고 나무들을 베어내고 인위적인 우회도로를 개설했다. 옛 진입로는 동백나

■ **백련사 전경** 고려시대 8대 국사와 조선시대 8대사를 배출했던 이 절간은 백련결사운동의 본거지이기도 하다.

무숲을 산책할 수 있는 길로 활용하겠다는 방안인 모양이다. 그리고 산책로 옆으로는 계곡을 막아 연꽃방죽도 조성했다. 그러나 다른 것은 어쩔 수 없다 하더라도 새로 뚫린 진입로는 참으로 볼썽사납다. 직선적이고 경사가 가팔라 오르기도 힘들 뿐더러 차로 오를 경우엔 위험하기 짝이 없다. 모름지기 모든 것은 가급적 그대로 두는 것이 좋다.

백련사의 변천

대웅보전에 있는 중수기 현판에 따르면, 백련사는 통일신라 말기인 839년 구산선문 중 충남 보령의 성주사문을 개창했던 무염(無染, 801~888) 스님이 창건했다고 한다. 절의 이름은 본래 '만덕산 백련사(白蓮社)'였는데, 조선 후기에 '만덕사(萬德寺)'로 불리다가, 다시 '백련사(白蓮寺)'가 되었다.

고려시대에 들어 백련사는 원묘국사 요세(了世, 1163~1245)의 중창에 의해 사세가 크게 확장되었다. 원묘는 지방 호족으로 최충헌 무신정권과 밀착되어 있던 강진 사람 최표, 최홍 형제와 이인천 등의 간청과 후원으로 1211년부터 7년간의 대역사 끝에 80여 칸의 절간 건물을 중건하고 사람을 모아 백련결사운동을 일으켰다. 이에 참여한 제자만도 38명, 국왕 이하 지방관, 서민, 문인은 300여 명에 이르렀다. 결사 당시 백련사는 만일(萬日) 철야기도가 끊이지 않았다고 한다. 요세의 입적 이후 백련사는 천인·원환·천책 등으로 법맥(法脈)이 이어지다가 고려 말 왕조의 말기 현상과 함께 왜구의 침략이 극에 달함에 따라 거의 폐사지경에 이르고 말았다. 그 무렵 대구 사당리 고려청자 가마도 폐쇄됨으로써 강진의 찬란한 영화는 고려왕조의 몰락과 함께 그 막을 내린 셈이다.

조선시대 초기 들어 백련사는 비록 고려 말 왜구의 침략으로 막대한 훼손을 당하기는 하였으나 그 명맥만은 유지된 것으로 보인다. 1407년(태종 7) 나라에서 실시한 사찰 정리기에 조계종 자복사(資福寺) 24개 중에 들어가 있기 때문이다. 그럼에도 불구하고 숭유억불정책으로 인해 절을 다시 중창할 만한 스님이나 토호가 나타나지 않았다. 그러다가 1426년(세종 8년) 천태종 영수인 행호(行乎) 스님이 나타나 크게 중창을 하게 된다. 행호 스님은 임금의 장수와 국가의 복락을 빌면서 효령대군에게 편지를 보내 대덕공주가 되어줄 것을 청하였고, 효령대군은 기쁜 마음으로 시주하고 힘을 보탬으로써 1430년부터 7년간에 걸쳐 중창 불사가 대대적으로 이루어진다(따라서 유홍준 교수가 임진왜란이 끝나고 행호 스님이 나타나 중창을 보게 되었다고 기술한 것은 착오로 보인다). 행호 스님은 백련사 중창 당시 또다시 있을지 모를 왜구의 침입에 대비키 위해 행호산성이라는 토성을 쌓았다고 하는데, 그 자리에 해당하는 곳이 바로 늙은 동백나무 군락이 늘어선 절간의 서쪽 언덕이다. 이로써 백련사는 옛 모습을 되찾게 되었다. 한편, 효령대군은 왕위를 충령대군에게 양보하고 사찰을 유람할 당시 백련사에 8년 동안 머물렀는데, 이때 밭 54두를 기부하기도 하였다.

조선 후기에도 만덕사(당시 이름)는 몇 차례 중수되었다. 1650년(효종 1년)부터 10여 년에

백련사 사적비 탄기 스님이 세운 이 사적비는 백련결사운동 등 백련사에 관한 제반 내용이 기록되어 있다.

걸쳐 현오(玄悟) 스님이 건물을 중수한 것과 1681년(숙종 7년) 탄기(坦奇) 스님이 절간의 사적이 오래되어 없어져 버릴 것을 염려해 '백련사 사적비'를 세운 것이 그것이다. 지금의 백련사 범종 누각 뒤쪽 넓은 터에 세워진 사적비가 그때 세워진 것으로 글은 당시 홍문관 수찬 조종저가 찬(撰)하고, 글씨는 당시 명필이었던 왕손 낭선군 이우(李俁)가 썼다. 받침대 돌거북과 머리지붕은 원래 이 자리에 있던 원묘국사비가 깨져 없어지고 나뒹굴던 것을 그대로 사용했다.

1760년(영조 36년) 들어 백련사는 화재로 인해 대부분의 전각이 소실되었다. 그러나 여러 스님들이 중건의 뜻을 버리지 않고 각자 분담해서 시주를 모아 이듬해 불사를 시작, 1762년 대법당의 중건을 마무리했음을 대웅보전에 걸려 있는 중수기 현판을 통해 알 수 있다. 그러나 1908년(융희 2년) 서울에 사는 효령대군의 자손 이정재가 대군이 절에 기부했던 밭 54두 2두락과 거처하던 동전(東殿)을 철거해 그 목재를 되가져감으로써 백련사는 경제적으로 궁핍한 사찰이 됐다. 최근엔 만경루 등이 개보수되었다.

백련결사운동의 본거지

앞에서도 말했듯이 백련사는 고려시대 불교결사운동을 주도하였던 절간이다. 13세기 초 무신혁명에 의해 정권을 장악한 최씨의 무신정권은 그들의 지배 이념을 뒷받침할 사상의 강화 내지는 재정비 작업에 착수하게 되는데, 이에 대한 불교계의 움직임이 이른바 결사운동(結社運動)이다. 보조국사 지눌 스님이 조계산 송광사에서 수선결사(修禪結社)로 선종을 개혁하여 조계종의 법맥을 확립하자, 지눌의 친구로서 함께 조계선을 수행하던 원묘국사 요세는 여기에서 떨어져 나와 월출산 약사암에 머물다가 만덕사(백련사)로 옮겨 백련결사(白蓮結社)를 일으킴으로써 천태종의 법통을 이어간다. 말하자면 무신정권과 결탁한 조계종과 결별을 선언함으로써 고려 불교계의 혁신을 꾀한 것이다. 그는 백련사를 크게 중창하고 보현도량을 열어 중생 구도를 계속하면서 1236년 마침내 백련결사운동을 일으킨다.

고려 후기 불교결사운동을 대표하는 백련결사는 수선결사와는 달리 참회와 정토를 강조하면서 일반 민중을 구제 대상으로 하고 있었다. 물론 보현도량을 중심으로 한 초창기의 경우는 최씨 정권이나 최표 등 강진지방의 토호·수령 등의 지원을 받아 번성하였으나 후기로 올수록 서민대중의 참여가 늘어났고, 특히 몽골의 침입을 전후하여 사회가 혼란해지자 그 영향력은 더욱 커졌다. 이에 대한 사정을 상세히 알려주는 자료로 천책 스님의「호산록」과 정오 스님의「암거일월기」가 있다.

다시 말해 백련결사운동은 수선결사운동이 무신정권과 결탁하여 정치세력화한 것에 대해 반발한 순수불교운동이었고, 당시의 정치·사회적인 혼란의 와중에서 민중을 구도하기 위한 민중불교운동이었다. 또한 역사적 차원에서 볼 때 몽고의 침입에 항거하기 위해 지식인과 민중을 규합하려는 목적을 지녔다고 볼 수 있다. 그러나 백련결사는 진정국사 천책 이후부터는 법맥상의 혼돈이 보이고 중앙권력과 타협하면서 귀족적인 성향으로 변질되고 만다.

■ 석문산 계곡 기암괴석들이 즐비하게 늘어서 있어 '강진의 소금강'이라 불린다.

강진의 소금강 석문산

　강진읍에서 차를 타고 해남 방면으로 10여 분쯤 가다가 도암면 계라리 주유소 삼거리에서 완도 방면으로 좌회전하여 다시 2분쯤 달리다 보면 난데없는 기암괴석들이 앞을 가로막는다. 이 기암괴석들이 늘어선 산이 '강진의 소금강'이라 불리는 석문산(石門山)이다. 만덕산의 맥을 이은 석문산은 높이가 272m에 불과하지만 바위들이 지닌 신비스러운 형상만으로 치자면 '호남의 소금강'이라 불리는 월출산과 비교해 손색이 없다.

　석문산은 문자 그대로 '돌문'이라고 할 수 있는 두 개의 협곡이 있다. 석문산 북쪽 협곡을 대석문(만덕산과 봉덕산 사이), 남쪽의 협곡을 소석문(봉덕산과 덕룡산 사이)이라 한다. 813번 지방도로가 이 돌문을 통과하여 신전면과 해남 북일면을 거쳐 완도 남창까지 이어진다. 옛날에는 강진의 전라병영성과 해남의 어란진을 오고 가던 군사도로이기도 했다. 석문 사이로는 차고 맑은 도암천이 흐르며, 바위들의 재질은 대부분 유리의 원료인 규석이다.

　예로부터 석문산은 그 뛰어난 경관 탓에 많은 시인묵객들에게 관감(觀感)의 대상이 되어 왔다. 유배 시절 다산 정약용도 만덕산의 서쪽 자락인 이 석문산과 덕룡산의 용혈암을 자주 들러 놓았다고 적고 있다. 약천 남구만(南九萬, 1629~1711)도 1668년 겨울 금성에 시험관으로 왔다가 강진 석문의 경관이 아름답다는 말을 듣고 직접 찾아 나섰으나 와서 보니 석문산에 있는 옛 절터(현 용문사의 옛 이름인 석문암을 가리키는 듯)가 황폐해진 것을 안타까워하여 강진·영암·해남의 현감에게 복원을 부탁하는 글을 남긴 바 있다.

덕룡산과 용혈암

　도암 석문산 협곡을 경계로 시작되는 덕룡산은 그 산세가 험난하기로 유명한 산이다. 그래서 이 산은 높이가 433m에 불과함에도 불구하고 호남의 등산객들로부터 사랑을 받고 있다. 날카로운 암봉들이 부침을 거듭하다가 해남의 두륜산·달마산을 거쳐 땅끝 사자봉까지 이어지다 남해바다로 잦아든다. 강진만의 서쪽 산세를 주도하는 덕룡산 일대를 반대쪽인 대구면에서 바라보면 그 생김새가 영락없는 한 폭의 돌병풍이다. 아니면 거대한 공룡이 사납게 등갈기를 세우고 길게 엎드린 형국이다. 따라서 덕룡산은 그 높이와는 무관하게 능선이 표출할 수 있는 아름다움과 힘의 진수를 유감없이 보여주는 산이다. 게다가 아직까지도 사람들의 발길이 많이 닿지 않아 자연미를 유지하고 있는 산이기도 하다. 봄이면 암봉의 바위틈마다 야생화가 피어 있고, 암봉과 암봉 사이의 육산은 하늘을 볼 수 없을 정도로 수풀이 우거져 있어 대자연의 은밀한 숨결을 한껏 음미할 수 있다.

덕룡산의 산행 기점은 석문산 남쪽 소석문 협곡에서 주능선을 타고 정상까지 간 다음 다시 세 번째와 네 번째 봉우리 사이의 안쪽으로 되돌아와 규사 채취 현장인 만덕광업 쪽으로 내려가거나, 정상에서 동쪽 사면의 잡목숲을 헤치고 수양리로 내려서야 한다. 산행 시간은 석문에서 정상까지 갔다가 하산하면 5시간, 첨봉 북쪽 안부에서 수양저수지까지 이어지면 7시간이 걸린다.

동봉과 서봉 사이는 10여 분 거리로 금릉산악회에서 2001년 5월 13일 세운 표지석이 박혀 있다. 정상인 서봉에서 바라보는 탐진강과 강진만은 일대 장관이다. 강진만 건너편 칠량·대구 일대의 유장한 산세도 눈물나도록 아름답다.

덕룡산 기슭 중앙부에는 커다란 천연 동굴이 하나 있다. 이름하여 '용

■ **덕룡산의 능선** 공룡의 등갈기를 연상케 하는 험준한 능선은 주작산-두륜산-달마산을 거쳐 남해바다로 잦아든다.

혈(龍穴)'이라 부른다. 이 굴에는 3개의 구멍이 뚫려 있는 바, 입구에 2개 그리고 천정에 1개이다. 전하는 이야기에 따르면, 이 구멍은 이곳에 살던 3마리의 용이 승천할 때 생긴 것이라고 한다. 굴속에는 맑은 물이 고여 있어 3개의 구멍과 함께 신비경을 이루었다고 하나 지금은 말라 있다.

한편, 이 동굴에는 고려 때 만덕산 백련사의 소속 암자인 용혈암(龍穴庵)이 있었다고 한다. 이 암자는 백련사를 크게 일으켜 백련결사운동을 주도했던 원묘국사 요세가 만년에 머물렀으며, 그의 뒤를 이은 천인·천책·정오 등 3국사가 수도와 강학했던 곳이다. 또한 다산초당 시절 정약용이 윤서유·윤시유 등과 함께 자주 놀러왔던 곳이 바로 이곳이다. 현재는 암자의 터만 남아 있을 뿐 사람들이 잘 찾지 않으며, 안내 팻말은 뽑혀 버려져 있다.

주작산과 8명당

덕룡산과 연접해 있는 주작산(朱雀山, 475m)은 그 이름처럼 봉황이 날개를 펴고 날고 있는 듯한 모습을 지닌 산이다. 원래 주작은 봉황처럼 상서로운 새의 상징으로 풍수지리학상 좌청룡·우백호·북현무와 조응하며 남쪽 최전방을 지켜주는 신장(神將)으로 통하고 있다. 따라서 주작산은 한반도 최남단을 떠받치는 영산(靈山)이라 할만 하다. 강진 사람들은 실제 그렇게 믿고 있다.

그래서 옛날부터 이 산에는 8명당이 있다고 하여 풍수지관들과 돈 많은 사람들의 발길이 끊이질 않는다. 8명당이라 함은 장군대좌(將軍大座)·노서하전(老鼠下田)·옥녀탄금(玉女彈琴)·계두혈(鷄頭穴)·정금혈(井金穴)·월매등(月埋燈)·옥등괘벽(玉燈掛壁)·운중복월(雲中覆月) 등의 8개 대혈을 말한다.

이 중 옥등괘벽은 이 지역의 연안 차씨가, 계두혈은 도강 김씨가, 정금혈은 전주 이씨가 그리고 운중복월은 해남 윤씨가 이미 선산을 썼다. 그러나 아직도 4개의 혈이 남아 있어 이 소문을 들은 전국의 풍수지리가를 비롯 역술가·대학생 등이 계속 찾아오고 있다.

 이 산은 주작이 머리를 서쪽으로 돌린 형상을 하고 있어 멀리서 보면 덕룡산처럼 날카롭지 않고 두리뭉실하다. 그러나 이 산을 직접 올라본 사람은 첩첩 이어진 날카롭고 거친 암릉에 그만 혀를 내두른다.

대지의 소리 강진 들 노래

 신전면 벌정리와 용월리에는 대대로 마을에서 나고 자란 주민들을 중심으로 농요의 일종인 들노래가 전승되고 있다. 논물 대는 시기에 부르는 보메기소리, 못자리 쓸 때 부르는 못자리 소리, 잡초 멜 때 부르는 초불과 중불메기소리, 모찌는 소리, 모심는 소리, 논매는 소리, 두렁소리로 나누어 부르는 이 들노래는 농사를 지으며 살아온 강진 민중들의 생생한 삶의 소리이며, 부활하는 대지의 소리이다. 한편, 2003년 강진들노래보존회가 결성된 이후 제25회 남도문화제 종합최우수상과 제39회 전국민속예술경연대회 민요 부문 우수상을 수상한 이들 노래는 최근 전남무형문화재 제38호로 지정되었으며, 군동의 땅뺏기놀이와 함께 강진을 대표하는 '민속놀이로 자리를 잡았다(목포대학교 도서문화연구소가 이를 씨디로 제작하여 일반에게 보급하고 있음).

칠량(七良) · 칠양(七襄) · 칠향(漆鄕)

백제시대 동음현, 통일신라 이후 탐진현에 속했던 칠량면(七良面)은 그 지명을 두고 의견이 분분하다. 칠량(七良) · 칠양(七襄) · 칠향(漆鄕) 등이 그것이다. 『세종실록지리지』(1454)와 『여지도서』(1759~1765)에는 칠량(七良), 1800년대 초에는 칠양(七襄), 1900년대 초에는 칠향(漆鄕)으로 기록되어 있다.

이 중 칠양(七襄)과 칠향(漆鄕)은 그 연대가 얼마 되지 않았을 뿐더러 개인의 문집에 근거한 것이어서 신빙성이 떨어진다. 물론 '양(襄)'이 명주리 일대에 살았었다는 제주 양씨(梁氏)와 관련이 있다거나, '칠(漆)'이 조선시대 이곳에서 옻나무가 많이 생산되었다는 기록과 연결되긴 하지만 그 근거가 불확실하다. 따라서 공식적인 지명 표기는 그 연대가 가장 앞설 뿐더러 현재도 그렇게 부르고 있는 칠량(七良)이 올바르다 할 것이다. '칠량'이란 지명은 그 이전에는 없고, 『세종실록지리지』에 처음 나타나는 것을 보면 조선 초기에 들어와 생긴 듯하다.

그렇다면 칠량(七良)이라는 지명이 뜻하는 바는 무엇일까. 이를 밝힐 근거는 없지만 이웃 '마량(馬良)'이라는 지명이 제주도에서 말을 실어다 서울로 보내기 전 살 찌운 곳이라는 데서 유래한 것을 감안한다면, 칠량은 뭔가는 확실치 않지만 일곱 가지 자랑할 만한 것이 있는 곳이라는 뜻을 담고 있지 않을까 하는 것이 필자의 사견이다.

『경국대전』(1388~1484)에 따르면, 탐진현에는 물건을 만들어 납품하게 하는 공장이나 사람으로 야장(冶匠) 1곳, 시인(矢人) 1곳, 지장(紙匠) 1곳, 목장(木匠) 1곳, 피장(皮匠) 1곳, 유구장(油具匠) 1곳, 칠장(漆匠) 1곳 등을 두었다는 기록이 있어 이와 관련된 것이 아닌가도 여겨진다. 실제로 칠량에는 야장에 관련된 곳으로 신흥의 새잣골 유기, 삼강의 유기점, 율변의 불뭇골, 학동의 야철지가 있었고, 칠장에 관련된 곳으로 칠전(漆田)이라는 옻나무를 재배하는 밭이 영계마을에 있었다. 시인과 관련된 곳으로는 병영성에 화살을 만들어 바쳤다는 죽도를 들 수 있으며, 옹기 굽는 곳으로는 봉황·사부·명주·목암 등이 있었다. 이밖에 칠량이 오곡과 어염(魚鹽) 등이 풍부한 곳임은 "생거칠량 사거보암(生居七良 死去寶岩)"이라는 고사에서도 알 수 있다. 나머지는 알 수 없지만 어떻든 칠량이라는 지명이 '일곱 가지 좋은 것'과 관련이 있는 것은 사실인 듯하다.

도리뱅기재

강진의 지형을 여자의 하체 형국으로 보았을 때 칠량은 대구·마량과 함께 왼쪽 다리에 해당한다. 강진만을 사이에 두고 다산초당이 있는 건너편 도암과 신전의 억센 산세를 마주하고 있는 칠량은 옹기와 바지락이 많이 나는 곳이며, 이름 있는 민주 투사들의 고향이기도 하다. 5·18 광주민중항쟁과 부산 미문화원 방화사건의 주범인 윤한봉과 김현장이 그들이다.

강진읍에서 국도 23호선을 타고 목리다리와 군동 삼신삼거리를 지나면 송산에서 구로 오성동으로 넘어가는 자그마한 고개가 있다. 지금은 평범

■ **도라배기재** 칠량·대구·마량 사람들의 애환이 서린 곳이다.

한 포장도로에 불과한 이 고개가 속칭 '도라배기재(顧見峙, 돌아보기재)' 이다.

 이 고개는 포장이 되기 전까지만 해도 참으로 구불구불한 비포장 산길이었다. 게다가 옛날에는 강진읍으로 장을 보러 다니던 칠량·대구·마량 사람들이 힘겹게 통과해야 하는 악명 높은 고개였으며, 한국전쟁 때 죽은 사람들을 묻은 공동묘지가 길가에 있어 밤이면 시시때때로 귀신이 출몰한다는 무시무시한 고개였다. 이 재에는 그 이름의 유래와 관련된 세 가지 이야기가 얽혀 있다.

 옛날 강진읍 배들이장(지금의 해태유업 자리. 옛날엔 거기까지 바닷물이 들어와 배가 드나들었다고 함)을 보러 다니던 칠량 등지의 사람들이 본토박이들의 텃세에 시달리다가 이 고개에 이르러서야 비로소 안심하고 강진읍 쪽을 '돌아보며' 분풀이를 했다는 이야기가 첫 번째이고, 강진현감 앞에 잡혀가 혹독한 심문을 받고 무죄임이 밝혀진 어떤 사람이 집으로 돌아오다가 이 고개에서 강진읍성 쪽을 '돌아보며' "에잇, 나 참 더러워서"라고 욕설을 퍼부었다는 것이 두 번째 이야기다.

세 번째 이야기는 좀더 자세히 소개해 보자. 옛날 어느 과년한 누이와 총각인 남동생이 함께 이 고개를 넘다가 소나기를 맞아 옷이 흠뻑 젖고 말았다. 비에 젖은 누이의 모시옷이 온몸에 착 달라붙어 풍만한 곡선미가 드러났다. 뒤따라가던 남동생은 그걸 보고 자기도 모르게 불끈 성욕이 솟아 어찌할 바를 몰랐다. 마음을 가라앉힌 그는 누이에게 흑심을 품은 자신을 크게 반성했다. 그러나 한번 일어난 성욕은 좀처럼 가라앉질 않았다. 그러자 그는 부끄러움을 못 이긴 나머지 자신의 성기를 그만 돌로 쳐서 죽고 말았다. 이를 모르고 총총 길을 가던 누님은 동생이 뒤따라오지 않자 왔던 길을 되돌아가 이 끔찍한 참상을 목격하고는 통곡했다. 그리고는 한참 후에 혼잣말로 중얼거리기를, "에라 이 못난 놈. 한 번 '도라고'('달라고'의 강진사투리)나 해보제"라고 했다는 우습고도 슬픈 이야기다.

삼흥리 도오지

송정리에서 동쪽으로 1km쯤 더 들어가면 나오는 삼흥리에는 1985년에 기념물 제81호로 지정된 도요지가 있다. 삼강마을 저수지 동남쪽에 있는 이 도요지는 대구면 청자 도요지보다 훨씬 나중에 발견된 것으로 강진의 도요지 분포가 대구면에만 국한된 것이 아님을 보여준다.

이곳에서 발견된 도자기 조각들은 주로 고려 말에서 조선 초기에 걸쳐 발달했던 녹상감(綠象嵌)과 인화상감(印花象嵌)인데, 산 71-1번지 일대에서는 고려 말기의 청자 조각과 조선 초기 분청자 조각이, 산 87번지 일대에서는 이조백자 조각이 분포하고 있다. 이로 볼 때 삼흥리 도요지는 대구면 도요지의 고급스럽고 귀족적인 청자보다는 질이 떨어진 일반 서민용 분청자를 생산했던 곳으로 보인다. 따라서 인접한 대구면의 고려청자 도요지가 점차 그 기능이 쇠퇴하면서 천태산(天台山)을 넘어 이곳 삼흥리까지 이동한 것으로 추정된다. 현재 발견된 도요지는 모두 7개이다.

중흥마을 벅수 4기

명주리에서 다시 칠량 동초등학교 쪽으로 빠져 나와 치산 마을 농어촌 도로를 타고 1km쯤 가면 벅수로 이름난 중흥마을이 나온다. 과거에 '가재(駕峙)'로 불렸던 이 마을의 입구 벅수고개에는 참나무로 만든 벅수(장승) 4기(남자 벅수 2기, 여자 벅수 2기)가 서 있어 눈길을 끈다. 100년 전만 해도 이 고개에는 100여 기의 벅수들이 길 양옆으로 늘어서 장관을 이루었다고 한다. 현재 4기밖에 남아 있지 않은 것은 오래 되어 썩은 벅수를 모두 철거했기 때문이다.

중흥 마을의 수호신으로 통하는 이 벅수는 아주 오랜 옛날부터 마을의 액운을 몰아내고 평화와 안녕을 빌기 위해 세웠다고 한다. 지금도 매년 음력 1월 14일이면 모든 주민들이 벅수 앞에 모여 당산제를 지낸다. 벅수 당산제가 끝나면 부근에 있는 남생이 바위에도 제사를 지낸다. 이 남생이 바위는 입에 해당하는 부위가 율변마을을 향하고 꼬리 부위는 중흥 마을을 향하고 있어 율변에서 먹은 것을

■ **중흥마을 벅수** 키가 큰 쪽이 할아버지벅수, 작은 쪽이 할머니벅수이다.

중흥에서 배설하므로 마을이 흥한다는 속설을 지니고 있다. 밤 8시부터 9시까지 당산제를 지내고 나면 마을 사람들이 음복을 하며 흥겨운 농악놀이를 벌인다. 이 당산제를 정성껏 모신 탓인지 중흥 마을은 일제강점기와 한국전쟁을 겪으면서도 다른 마을처럼 사람이 죽거나 피해를 입지 않았으며, 콜레라가 창궐하던 시절에도 병에 걸린 사람이 없었다고 한다.

　중흥 마을 벅수는 고개의 양쪽에 나란히 서서 비가 오나 눈이 오나 마을을 오가는 사람들을 맞고 있다. 할아버지 벅수라 불리는 남자 벅수는 마을에 잡기가 들어오면 단숨에 눈을 부라리며 호통을 칠 것처럼 무서운

형상을 하고 있다. 할머니 벅수인 여자 벅수는 살짝 치켜뜬 눈매에 부드러운 미소를 흘리고 있어 남자 벅수와 좋은 대비를 이룬다.

봉황마을 전통옹기

　면소재지인 영동에서 마량 방면으로 800m 가량 내려가다가 월궁마을 사거리에서 우회전하여 다시 1km쯤 들어가면 전통옹기로 유명한 봉황마을이 나온다. '봉황(鳳凰)'이라는 마을의 이름은 일대의 지형이 봉황 형국인데서 유래한 것으로, 문헌상으로는 1789년 『호구총수』에 그 이름이 처음 나온다. 이후 1871년과 1895년에 각각 간행된 『호남읍지』에도 같은 이름이 나오다가 1912년 『지방행정구역명칭일람』에는 '옹점(甕店)'으로 바뀐다. 그러다가 1914년 일제의 행정구역 통폐합 때 옹점·덕동·보련·사부를 합해 다시 봉황리로 개명한 후 지금에 이른다. 원래 봉황이었던 옹점(또는 독점)마을 별도로 '원봉황'이라고도 부르기도 한다.

　그렇다면 봉황을 중심으로 한 칠량의 옹기는 언제부터 생산되었을까. 이를 밝힐 수 있는 정확한 자료는 아직 없다. 다만 마을의 이름이 1800년대 말이나 1900년대 초에 봉황에서 옹점으로 바뀐 것이 문헌상에 나타나는 것으로 보아 칠량의 옹기는 조선 후기부터 본격적으로 생산되었을 것으로 짐작된다. 『경국대전』의 공전편(工典編) 공장조(工匠條)에 따르면 "옹기점 장인은 누구를 막론하고 공조가 세금을 거두어 사용한다"고 되어 있는 바, '옹점'이라 함은 '옹기를 만들어 파는 곳'이라는 뜻을 지니고 있

■ **봉황마을 옹기** 옛 명성은 사라진 지 오래고, 현재 정윤석씨와 그의 아들만이 옹기의 명맥을 잇고 있다.

다. 또 이곳 사람들은 봉황을 구 옹기점, 사부를 신 옹기점이라고 부르는데, 1895년에 펴낸 『호남읍지』 중 강진현 편에는 '신옹점(新甕店)'이라는 지명이 실제로 나타나고 있어 칠량의 옹기가 1800년대 후반부터 생산되었음을 뒷받침하고 있다.

구전에 따르면, 칠량의 도자기는 대구면 청자도요지가 쇠퇴하면서 천태산을 넘어 삼흥리와 명주리 일대로 이동한 뒤, 흥학리와 장계리 해안을 거쳐 봉황리까지 이르게 되었다고 한다. 그러니까 봉황리는 고려청자도요지가 있는 대구면 사당리로부터 5km밖에 떨어져 있지 않은 만큼 마을

사람들이 도자기 빚는 기술을 알게 모르게 배워 옹기를 빚게 됐을 것으로 짐작된다. 따라서 강진의 도자기는 귀족적인 청자→서민적인 백자→실용적인 옹기로 바뀌었다고 볼 수도 있다.

한때 봉황에는 동막(작업장)이 30~40곳에 달할 정도로 온 마을 주민들이 옹기사업에 종사했다. 동막에서 공동으로 일을 하던 사람들은 대략 7~8명이었는데, 질꾼 2명·거내꾼 2명·뒷일꾼 1~2명·접장이 2~3명이었다. 접장은 질그릇을 만들고, 거내꾼은 그것을 말리고 잿물을 먹이는 일을 했으며, 질꾼은 한 굴을 구워낼 점토(찰흙)를 삯을 받고 책임을 졌다. 그리고 거내꾼은 손가락으로 그릇에 문양을 넣는 일을 맡았다. 잿물은 갈퀴나무를 태운 재를 쓰거나 검복산 근처에서 황토를 파다가 수비(水飛)해서 바로 쓰던지 아니면 삭도록 두었다가 입혔다고 한다.

점토는 주로 영동·강동·영풍 등의 논에서 파왔는데, 가장 그 질이 좋은 곳은 영동 마을 일대였다고 한다. 점토 운반은 처음엔 직접 파서 지게로 져 날리다가 나중에는 리어카로 그리고 1963년경부터는 소달구지를 이용했다. 필자도 어렸을 적 찰흙을 가득 실은 소달구지가 비포장길을 느릿느릿 오가던 풍경을 기억하고 있다. 땔나무는 칠량면 삼흥·명주·흥학·장계리 등지를 비롯해 완도·해남·진도까지 가서 구입해 사용하였다.

칠량옹기의 성쇠

이렇게 하여 생산된 칠량옹기는 사람 몸에 해로운 납 성분이 들어 있지 않고, 그 안에 김치, 간장, 된장 같은 음식을 담아 놓으면 맛이 변하지 않는다고 알려져 왔다. 다른 지방에서 굽는 옹기는 가마 온도가 6~7백°C에 불과한데 칠량옹기는 1,000°C가 넘는 온도에서 구워내기 때문에 비교할 수 없을 만큼 더 단단하다. 그래서 칠량옹기는 6·25 전까지만 해도 멀리는 함경도 지방 여염집 장독대에 놓여 있는가 하면, 가까이는 풍선(風船)에 실려 여수·목포·제주는 물론 김해·마산·부산 등지로 불티나게 팔려나갔다. 옹기 운송이 주목적이었던 풍선이 한 때 40여 척에 이르렀을 만큼 칠량옹기는 이 나라의 장독대를 채우는 필수품이었다. 그러다 보니 풍선을 타고 옹기를 팔러 다니다가 풍랑을 만나 불귀의 객이 된 사람도 많았다고 한다.

그러나 칠량옹기는 1970년대 초부터 가볍고 저렴한 플라스틱 제품이 등장하면서 집집마다 아낙들이 장독대를 "헌 계집 버리듯" 내침에 따라 경쟁력을 잃고 급격한 사양길로 접어든다. 그리하여 옹기 굽는 연기가 끊임없이 피어올랐던 이 마을 가마들은 대부분 문을 닫고 말았다. 지금은 정윤석씨(061-433-4943, 무형문화재 37호)와 그의 아들 정영균씨가 간신히 그 맥을 잇고 있다.

봉황 바지락과 죽도

옹기 사업이 사양길로 접어들자, 이 마을 사람들은 바지락 양식에 손을 대기 시작한다. 예로부터 강진의 바지락과 대합은 그 맛이 뛰어나 임금님

■ 죽도 원경 대나무가 많다고 하여 죽도로 불리는 이 무인도는 주변 풍광이 빼어나 '강진 8경'의 하나로 꼽힌다.

의 진상품으로 유명했다. 특히 탐진강의 토사가 밀려와 두터운 층을 이루는 봉황 앞바다 모래펄은 대구면 저두리 앞바다와 함께 바지락 서식의 적지로 손꼽힌다. 이 마을 사람들은 자연산 바지락 종패를 공동 양식장에 뿌린 뒤 다 자라면 채취하여 전국 각지에 판매해 왔다. 채취 시기가 되면 마을 사람들이 총동원되고 인근 해남·완도·장흥 등지에서 바지락을 사려는 작은 배들이 1,000여 척이나 모여들어 일주일 내내 장사진을 이루었다. 그래서 봉황은 1980년대까지만 해도 강진군에서 가장 소득이 높은 마을로 번영을 구가했다. 도시로 떠난 젊은이들도 다투어 고향마을로 돌아왔다.

그러나 근래에 들어 탐진강 직강 공사와 생활 폐수로 인한 오염, 만덕호의 축조 등으로 양식장이 황폐해짐에 따라 생산량이 급격하게 줄어들고 있다. 그래서 강진 바지락의 주산지는 이제 상대적으로 오염도가 낮은 대구면 저두리로 바뀌었다. 하지만 아직도 봉황은 과거 옹기의 명성과 함께 강진의 바닷가 마을을 대표하는 곳이다.

봉황 앞바다 한가운데는 둥그렇고 거무스름한 섬이 하나 떠 있다. 무인도인 이 섬은 대나무가 울창하여 대섬(竹島)이라 부른다. 강진만의 7개 섬 중 가장 위쪽에 자리한 이 섬은 주변 풍광이 뛰어나 금릉 8경 중 한 곳으로 꼽힌다. 「죽도귀범(竹島歸帆)」이 그것이다.

『신증동국여지승람』(1530)·『강진현여지승람』(1895)에 따르면 죽도는 한양이나 강진 병영성에 전죽(箭竹, 화살을 만드는 대나무)을 납부하였던 곳으로 기록되어 있다. 다산 정약용이 유배 시절에 배를 타고 낚시질이나 뱃놀이를 즐겼던 곳이기도 하다.

한편, 죽도는 강진만을 중심으로 한 강진의 지형을 요니(尿尼, 여자의 음부) 형국으로 보았을 때 음핵에 해당하는 곳이다. 그래서 일제시대에는 강진이 부자고을임을 시기한 일인들이 그 기(氣)를 누르기 위해 죽도에 다이너마이트를 장착하여 폭파시키려 하였으나 주민들의 결사 저지로 무산되었다고 한다. 강진 출신 시인인 영랑과 현구도 이 죽도를 비롯한 강진만의 섬들을 물 위에서 잠방거리며 노는 오리새끼들에 비유한 바 있다.

■ **환상의 해변도로** 대구면 저두리에서 마량에 이르는 바다와 해변도로 주변의 풍광은 가히 환상적이다. 사진은 청자 도요지 부근에 신설된 해변도로.

환상의 해변도로와 일몰

대구면 저두리 중저마을에서 마량 포구에 이르는 약 10km의 해변도로는 환상적인 드라이브 코스다. 필자가 생각키로 이곳은 부안 변산의 해변도로·남해의 해변도로와 함께 가장 주변 경관이 뛰어나다. 서남해안의 해변도로는 단조로운 동해안의 그것과는 달리 훨씬 오밀조밀하다. 또한 리아스식 해안 곳곳에 어촌들이 자리하고 있어 퍽이나 인간적인 정취를 자아낸다. 해안의 생김새대로 구불구불 이어지는 도로를 타고 달리다 보면 가끔씩 고려청자의 빛깔을 빼닮은 비취색 바다 풍광에 넋을 빼앗겨 위험할 때가 많다. 따라서 이곳에서 과속은 금물이다. 보름달이 뜨는 밤에 이 해변도로를 따라가며 쓴 김영남 시인(장흥 대덕 출신)의 시가 있어 여기에 소개한다.

> 푸른 밤을 푸르게 가야 한다는 건 또 얼마나 슬픈 거고 내가 나를 아름답게 잠재워야 하는 모습이냐. 그동안 난 이런 밤의 옥수수 잎도, 옥수수 잎에 붙어 우는 한 마리의 풀벌레도 되지 못했구나. 여기에서 난 어머니를 매단 저 둥근 사상과 함께 강진의 밤을 걷는다. 강진을 떠나 칠량을 거쳐 코스모스와 만조의 밤안개를 데리고 걷는다. '무진기행'은 칠량의 전망대에 맡겨두고 내 부질없는 詩와 담뱃불만 데리고 걷는다. 걷다가 도요지 대구에서 추억의 손을 꺼내 보름달 같은 청자항아릴 하나 빚어 누구의 뜨락에 놓고 난 박처럼 푸른 눈을 욕심껏 떠 본다.
> ―「푸른 밤의 여로」 부분.

저두리 하저마을은 칠량 봉황마을과 함께 강진 바지락의 주산지이다. 썰물 때면 이 마을 양식장은 바지락을 채취하느라 엎드려 있는 사람들로 하얗다. 현재 강진군에서는 이 하저마을을 어촌체험마을로 조성 중이다.

하저마을 도로변 양이정(養怡亭)에서 바라보는 강진만의 바다 풍광은 가히 압권이다. 바다 한가운데 가우도와 비라도가 떠 있고, 건너편에는 만덕산에서 시작된 산줄기가 석문산·덕룡산·주작산·달마산으로 병풍처럼 이어지다 다도해로 잦아든다. 그 뒤편으로는 해남 두륜산이 실루엣을 이룬다. 그리고 자궁처럼 내륙 깊숙이 파고드는 아늑한 해안선을 따라

■ **강진만 일몰** 하저마을에서 건너편 주작산이나 덕룡산 부근으로 떨어지는 일몰은 서럽도록 아름답다.

평화롭게 자리한 어촌들과 한가로이 떠다니는 고깃배며 갈매기들을 보라. 또 저물 무렵이면 강진만 일대를 붉게 물들이며 주작산이나 덕룡산 너머로 황홀하게 떨어지는 일몰을 보라. 일몰 이후 점점이 눈을 뜨는 따사로운 어촌의 불빛들은 또 어떠한가. 무릇 바다와 섬과 산들이 행복하게 조응하는 수묵 산수란 바로 이를 두고 하는 말일 터이다.

 필자의 사견으로 말한다면 이곳은 강진의 제1경이다. 외지인들이 강진에서 가장 풍광이 아름다운 곳을 물을 때마다 필자는 주저 없이 이곳을 추천한다. 그러나 이곳은 다산초당 옆 천일각 전경과 함께 아쉽게도 금릉 8경에서 빠져 있다. 유감스럽게도 경회 김영근 선생의 시 「금릉팔경」은 지나치게 강진읍에 한정된 듯한 느낌이 없지 않다.

양이정 부근 길가엔 기와지붕을 얹은 전통찻집 '도향'(0638-434-0419)이 있다. 이곳은 해변도로를 달리다가 한번쯤 쉬면서 강진의 제1경을 감상하기에 안성마춤이다.

강진문화의 꽃 고려청자

강진은 고려청자의 본고장이다. 사람들에겐 강진이 다산 정약용의 유배지로 더 알려져 있는지 모르지만 이는 최근의 일일 뿐, 어디까지나 강진을 대표하는 이미지는 고려청자요 강진의 문화유적을 대표하는 것은 사적 제68호로 지정된 고려청자 도요지다. 어디 그뿐이랴. 5천 년 역사와 전통을 자랑하는 한국문화의 꽃도 고려청자다. 그 문화의 정수를 꽃 피운 발상지가 바로 대구면 사당리의 고려청자 도요지다. 그러므로 그 누가 청자 도요지가 빠진 강진의 문화유적답사를 이야기한다면 그것은 한 마디로 속빈 강정에 불과하다 하리라.

지금까지 한국문화의 진수로 일컬어지는 고려청자에 대한 찬사는 헤아릴 수 없이 많다. 그 중 대표적인 예가 고려청자의 아름다움을 섬세하게 읊은 월탄 박종화의 시 「청자부」다.

고려청자상감운학문 매병 청자의 비취색은 강진의 가을하늘과 바다색을 반영한 것이다.

빛깔 오호! 빛깔/살포시 음영을 던진 갸륵한/빛깔아/조촐하고 깨끗한 비취여/
가을 소나기 마악 지나간/구멍 뚫린 가을 하늘 한 조각/물방울 뚝뚝 서리어/곧
흰 구름장 이는 듯하다/그러나 오호! 이것은/천년 묵은 고려청자기!

그리고 고려 인종 때의 송나라 사신 서긍은 고려에서 보고 들은 내용을 기록한 『고려도경』에서 "청자의 푸른색을 고려 사람들은 비취색이라 하며, 근년에 이르러 그 제작기법이 더욱 정교해졌고 그 빛깔 또한 한층 아름다워졌다"고 하였다. 또 자기의 종주국인 중국의 태평노인은 『유중금(釉中錦)』에서 "천하에서 제일 귀하고 값진 것"의 하나로 고려청자를 들었으며, 일본인 우시야마 쇼조는 "누가 나에게 신에 이르는 길이 무엇이냐고 묻는다면 고려청자를 통해서 라고 대답할 것"이라고 극찬한 바 있다.

강진청자의 발달 배경

풍수지리상 청자도요지가 자리한 대구면 사당리 일대는 금계포란(金鷄抱卵) 형국이라고 한다. 마을 뒷산인 여계산(女鷄山)은 암탉이요, 마을 동쪽 대계산(大鷄山)은 수탉이며, 마을 앞에 있는 조그만 난산(卵山)은 알에 해당한다. 이렇듯 닭이 황금알을 낳는 지형에서 고려청자가 구워졌다.

그렇다면 청자문화가 왜 하필이면 한반도의 서남쪽 해안인 강진에서 발달하게 되었을까. 지금까지 알려진 발달 배경은 크게 두 가지다.

첫째는, 자연·지리적 여건이다. 잘 알다시피 강진 대구면은 진흙과 땔

감이 풍부할 뿐만 아니라 완만한 기울기의 산과 알맞은 기후를 갖추고 있다. 게다가 강진만을 끼고 있어 물자 수송이 용이했다.

특히 지리적 여건이 강진 청자의 발달에 결정적 요인이 되었다고 보는 것은 이 지역이 지닌 바닷길과의 관련성 때문이다. 전라도 서남단을 경유하는 고대 해로는 우리나라와 중국 그리고 일본을 연결하는 중요한 통로였던 바, 그 경로 상에 이곳 강진만이 자리하고 있었던 것이다. 역사상 이 바닷길은 통일신라 이후 고려시대와 조선시대 말엽까지 인구와 물자 그리고 문화의 전파로였다. 게다가 통일신라 말기 당나라와의 민간교역 부문에서 중추적인 역할을 담당했던 장보고 대사의 청해진(淸海鎭, 지금의 완도 장좌리, 당시엔 강진 지역이었음)이 현 도요지에서 불과 20km밖에 떨어져 있지 않았다.

일본의 승려 원인(圓人)의 여행기 『입당구법순례기행(入唐求法巡禮紀行)』에 따르면, 이 고대 해로는 중국을 출발하여 흑산도와 신안 지역의 여러 섬들을 거쳐 진도와 해남 사이의 울돌목을 통과한 뒤 바로 강진과 완도 수역을 들러 일본으로 이어지고 있다. 강진 강진만의 하구인 마량포구와 인접한 대구면 사당리 일대의 청자도요지는 이처럼 항로의 주요 길목에 자리하고 있어 지리적으로 첨단의 중국 문물을 수용하는데 유리했던 것이다. 특히 중국의 강남지역과 직결되는 이 항로는 청자의 발상지라 할 수 있는 절강성과 명주(明州, 영파의 옛 이름)의 월주요 계통 청자기술을 받아들이는데 결정적으로 유리했다. 실제로 대구면 용운리 지역에서 이 월주요 계통의 것과 아주 비슷한 "해무리굽" 도자기 편들이 다수 발견되고 있다는 사실이 이를 입증한다.

■ **청자자료박물관 전경** 고려청자의 성지로 부상한 청자사업소는 청자자료박물관과 도예문화원이 완공됨에 따라 강진군 유적지 중 유일하게 입장료를 받는다. 뒤에 있는 산이 여계산이다.

하지만 해무리굽 도자기 편들의 발견만으로 강진청자가 월주요의 절대적인 영향을 받았다고 단정하기엔 무리가 따른다고 주장하는 학자가 많다. 80년대에 들어 경기도와 황해도 일대의 도요지 발굴이 본격화되면서 한국의 도자기는 해무리굽보다 앞선 시대가 있었다는 것이다. 지난 해 8월 강진에서 열린 '청자 한·중·일 국제학술토론회'에서 윤용이 교수(원광대)는 고려청자가 월주요에서 유입되었다기보다 중국 북방의 도자기의 영향을 받은 이후인 12세기에 시작되었다는 주장을 제기했다. 즉 경기·황해도 일대 도요지의 도공들이 거란족의 침입으로 인해 남하하다가 먼저 부안 일대에 정착하고 다시 남하하여 강진에 유입되었다는 것이다. 더구나 장보고 유적에서는 아직 강진산 해무리굽 청자가 발견되고 있지 않고 있다. 말하자면 강진은 중국의 영향보다 훨씬 이전에 토기 제작 기술이 축적된 지역이었으며, 그 바탕 위에서 나름의 독특한 청자 제작 기법이 수용되고 발전될 수 있었다는 것이다.

그럼에도 불구하고 장보고와 강진청자의 관련성은 가장 설득력을 지닌다. 장보고가 청해진을 개설하기 13년 전에도 청자가 본격화한 중국 절강성 일대는 이미 굶주림을 이기지 못한 한반도 사람들이 170여 명이나 몰려간 기록이 있다. 그 후 장보고 선단이 황해를 누비게 되면서 절강성 동쪽으로 이민을 갔던 사람들이 다시 청해진을 통해 귀국했다면 그들은 강진에서 청자사업을 벌였을 것이 틀림없을 것이기 때문이다. 만약 이러한 추측이 앞으로 좀더 다각적인 연구를 통해 사실로 입증된다면 완도 청해진과 대구 청자도요지는 서로 밀접한 관련성을 갖게 된다. 그럴 경우 완도군의 장보고 축제와 강진군의 청자 문화제는 따로 떼어 생각할 수 없을 것이다.

둘째, 사회적·정치적 지원세력이 있었다. 고려 초의 중앙지배세력은 해로를 통해 중국 문물을 수입·사용하는 것으로 만족하였지만, 점차 중앙집권을 강화하면서 새로운 귀족층이 늘어나게 됨에 따라 단순한 수입만으로는 그 수요를 충당하기가 어려웠을 것으로 보인다. 도자기의 경우도 마찬가지여서 아마 이러한 요구가 강진에서의 청자 생산을 부추기는 계기가 되었을 것이다.

최씨 정권의 출현과 함께 전라도 세력의 중앙정치무대 진출이 두드러지는 바, 이는 최씨 정권의 주요 물적 기반이 해안지방에 있었다는 사실과 관련이 있으므로 강진의 청자도 그러한 가능성이 충분하다. 이렇듯 최씨 정권기에 강진의 정치적 비중이 커지는 것은 강진땅에 감무(監務, 현감이 파견되지 못하는 곳에 과도적으로 중앙에서 보낸 지방관)가 파견된 점으로도 더욱 분명해진다.

그리고 청자가 황금기를 구가하던 시기에 무위사와 월남사를 비롯한 강진지역의 불교세력이 승주의 송광사 불교세력과 쌍벽을 이루게 될 만큼 급성장한다. 무신 정권기에 문명을 날린 이규보와 최자가 지은 월남사 진각국사비에는 진각국사의 제자로 최이, 최항 등 최씨 정권의 핵심 인물들이 보이고 있는 것으로 보아 강진의 수준 높은 불교문화도 청자의 발달과 밀접한 관련이 있을 것으로 보고 있다.

지천에 널린 도요지 188곳

고려시대 청자요지는 전국에 약 400여 개소가 있는 것으로 알려져 있다. 이들 중 강진에 가장 많은 188개소가 있고, 전북 부안 일대의 80여 개소와 해남의 50여 개소를 제외하면 나머지 지역은 소수에 불과하여 상대적으로 강진의 도요지가 돋보인다. 더욱이 강진은 고려시대 전반에 걸쳐 계속 청자가 생산되었던 곳이기도 하다.

강진 지역에 고려청자 도요지가 집중적으로 분포되어 있다는 사실이 처음 알려진 것은 1914년 봄 일본인 말송(末松)씨에 의해서였다. 그 후 1928년 조선총독부 박물관은 이 지역을 조사하여 100여 개의 도요지를 확인하였으며, 1939년에는 이를 사적으로 지정하였다. 이를 바탕으로 대한민국 정부는 1963년 이곳을 사적 제68호인 '강진 대구면 도요지'로 고시하였다. 당시 확인된 도요지는 대구면 용운리 39개소, 계율리 28개소, 사당리 30개소, 수동리 3개소였다. 그러나 1964

사당리 가마터 고려시대(12세기 경) 청자를 구웠던 자리로 현존하는 국보급 청자가 대부분 이곳에서 제작되었다.

년부터 계속된 발굴조사 결과 이보다 80여 기가 더 많은 도요지가 확인되었으며, 최전성기의 청자가마터도 발견하게 되었다.

　강진 청자가 처음 구워졌던 곳은 9세기 경 용운리 일대였다. 정수사 아래 운곡마을 건너편 산기슭에서부터 항동·용문마을에 이르기까지 넓게 분포하고 있는 이곳 도요지는 청자 제작연대가 가장 앞서는 해무리굽이 발견되는 곳이며, 여러 기의 토기 요지까지 발견되는 곳이기도 하다. 용운리 지역 도요지는 주로 산기슭이나 산골짝에 많이 남아 있어 초기에는 땔감을 조달하기 좋은 곳에 자리했던 것으로 이해된다. 현재 이곳에는 총 75개의 요지가 분포하고 있다.

용운리에 이어 11세기 경 강진청자가 집중적으로 만들어졌던 곳은 계율리였다. 이곳에서는 해무리굽이 없어지면서 수레바퀴 모양의 굽이 나타나며, 굽바닥에는 규석받침이나 내화토로 빚은 받침을 사용하고 있다. 현재 총 59개의 도요지가 확인되고 있는데, 주로 용문리와 경계를 이루고 있는 나발잔등 산기슭에 10개소가 있고, 청룡천을 사이에 두고 북쪽 대계산 발치에 15개소와 청룡제 위쪽과 남서쪽 청룡 정자나무 주위에 10여 개소가 있다.

현재 청자사업소가 위치한 사당리 도요지는 당전·미산·백사마을 일대에 분포하고 있는데, 특히 당전 일대의 도요지는 12세기 경 강진지역에서도 가장 완숙된 비색청자와 상감청자가 만들어졌던 곳으로 널리 알려져 있다. 총 43개소가 분포하고 있는 사당리 청자요지는 명실상부한 우리나라 청자문화의 성지라 할만 하다. 현존하는 국보나 보물급 고려청자가 대부분 이곳에서 제작되었음이 확인되었다. 이곳에서는 양질의 기와도 생산되었는데, 고려왕궁의 동쪽 양이정에 얹었다는 청자기와도 바로 이곳에서 제작되었다. 바닷가에 위치한 미산마을에는 산기슭 밭에 청자요지가 집중되어 있는데, 당시 이곳에서 청자를 배에 실어 운송했던 것으로 추측된다. 또 말기에 해당하는 파편이 산재하는 바, 고려청자의 쇠퇴 과정을 살필 수 있는 자료가 되고 있다. 이 쇠퇴기의 고려청자는 나중에 조선시대 전기 분청사기의 모체가 된다.

그러니까 강진청자의 발달 과정을 다시 간추리면, 9세기 경 용운리에서 시작하여 중국 절강성 월주요 계통의 청자와 유사한 그릇이 만들어졌고 (칠량면 삼흥리도 마찬가지), 11세기 경에는 계율리로 내려와 유색(釉色)

의 완숙기에 이르게 되었으며, 12세기 초반 경에는 사당리에서 고려청자의 황금기를 꽃피우다가, 13세기 후반 경에는 미산마을로 옮겨져 쇠퇴기로 접어들어 고려의 국운과 함께 그 막을 내렸다고 할 수 있다.

강진청자의 재현

그렇다면 강진의 고려청자는 어떻게 재현되었을까. 1960년대 후반까지만 해도 타 지역과는 달리 정작 청자문화의 발상지라고 할 수 있는 강진 현지에서는 고려청자 재현을 위한 논의가 없었다고 한다. 그러나 1970년대 중반에 들어 이를 안타깝게 생각하던 지역 유지들 사이에 재현사업의 필요성에 대한 공감대가 형성되었다. 그리하여 1977년 강진군은 고려청자 재현을 특수시책사업으로 정하고 도예전문가와 학자 등으로 청자재현사업추진위원회를 구성, 같은 해 6월 대구면 사당리에서 청자 재현 가마솥 기공식(현 강진요 제1호)을 가졌다. 11월엔 소규모 시설을 갖추어 도자기 형태를 만들고 문양을 새겨 넣는 작업에 들어갔다. 12월엔 초벌구이를 하여 1978년 1월 29일과 30일 양일 간 화목으로 1,300℃의 열을 올리는 본벌구이를 거쳐 드디어 2월 3일 비색의 청자가 다시 그 면모를 드러냈다. 600여 년 동안이나 땅속에 묻혀 잠들어 있던 고려청자가 그 찬란한 자태를 드러내자 이 일에 참여했던 모든 사람들은 일제히 탄성과 환호를 질렀다고 한다.

그로부터 청자 재현사업은 수많은 수정·보완 과정을 거친 끝에 1981년

11월 32회의 시험소성결과를 일반인에게 공개하였다. 1982년에는 재현품들을 광주남도예술회관에 전시하여 그 수준을 인정받았다. 특히 같은 해 9월에는 전문가들이 과학적인 방법에 따라 분석·제조한 유약과 강진에서 개발한 자연유약을 똑같은 방법으로 시유하여 분석한 결과 강진요의 청자가 신비의 비색에 훨씬 가까운 것으로 밝혀졌다. 이에 자신감을 얻은 강진군은 1986년 1월 강진군 고려청자사업소를 개설하였으며, 옛 가마터를 매입하고 시설 규모를 확장함으로써 본격적인 청자 재현사업을 추진할 수 있게 됐다.

청자자료박물관과 도예문화원

청자사업소가 개설된 이후엔 경내 정화사업을 비롯하여 작업실과 유약제조실, 판매 전시장, 청자자료박물관, 도예문화원을 차례로 신축하였다. 특히 1991년 12월에 착공하여 1997년 9월 개관한 청자자료박물관은 지상 2층 지하 1층 연건평 638평의 규모로서 우리나라의 청자 발달과정과 청자 제작과정에 관한 모든 것, 1990년에 지표조사 때 수집된 요지별 청자편이 시대별·문양별로 체계 있게 정리·전시됨으로써 관람객이 청자를 쉽게 이해할 수 있도록 돕고 있으며, 전문가들에게도 연구 자료를 제공할 수 있는 장소로 활용되고 있다.

한편, 이곳은 강진의 문화유적지 중에 유일하게 관람료를 내야 입장할 수 있으며, 관람 시간도 따로 정해져 있다. 관람 시간은 3월 1일~10월 31

■ **청자자료박물관 내부** 1997년에 개관한 이곳은 연중 수많은 답사객의 발길이 끊이질 않는다.

일까지는 오전 9시부터 저녁 6시까지이며, 11월 1일~익년 2월 말일까지는 오전 9시부터 저녁 5시까지이다. 그리고 매주 월요일은 정기 휴관일임으로 피하는 것이 좋으나 특별한 경우에 한해 입장을 허용하고 있다. 관람료는 개인의 경우 어른 1,000원·청소년 및 군경 500원·어린이 400원이며, 단체(30인 이상)의 경우 어른 800원·청소년 및 군경 400원·어린이 300원이다. 징수된 관람료는 군 세입으로 편성되어 박물관 운영에 필요한 예산으로 사용된다.

청자 만들기의 과정

청자를 만드는 과정

한 점의 청자가 만들어지기까지는 매우 복잡한 과정과 정밀한 기술을 필요로 한다고 한다. 수비(水備)→토련(土練)→성형(成形)→정형(整形)→조각(彫刻)→초벌구이→시유(施釉)→본벌구이→요출(窯出)과 선별 완성의 과정이 그것이다. 청자사업소를 견학하는 이들의 이해를 돕기 위해 이들 용어를 간략히 풀이하면 다음과 같다.

먼저 '수비'는 진흙을 물에 풀어서 채로 걸러 고운 분말의 앙금을 가라앉히는 과정을 말한다. '토련'은 수비작업 후 건조된 진흙을 차지게 하기 위해 메로 치고 발로 밟아 이겨주는 과정이다. '성형'은 물레판 위에 정제된 진흙을 올려놓고 발로 물레를 돌려가면서 여러 가지 그릇의 형태를 만들어 내는 과정이다. '정형'은 일차적으로 빚어진 그릇 모양을 밑굽과 두꺼운 부분을 깎아내고 세련된 모양으로 다듬어내는 과정이다. '조각'은 음각·양각·투각·상감 등의 기법으로 각종 무늬를 새겨 넣는 과정이다. '초벌구이'는 유약이 잘 흡수되도록 하기 위해 일차로 700~800℃의 열을 가하여 익혀 내는 과정이다. '시유'는 청자색을 만들어내

청자문화제 광경 전국최우수축제로 선정된 청자문화제에는 약 70만 명의 국내외 인파가 몰려 북새통을 이룬다. 사진은 제10회 청자문화제 폐막식 광경.

기 위해 초벌구이 그릇을 유약에 적당히 담그어 내는 과정이다. '본벌구이'는 그릇을 가마에 넣고 1,280~1,300℃의 고열을 가하여 굽는 과정이다. '요출과 선별'은 본벌구이가 끝난 청자를 가마에서 꺼내어 색깔과 형태를 골라내는 과정을 말한다.

이러한 과정을 거쳐 완성품이 나오기까지는 무려 60~70일 가량이 소요되며, 굽는 과정에서는 초벌 800℃, 본벌 1,300℃의 열을 필요로 하기 때문에 주야로 이틀 이상 불을 지펴야 한다. 또 신비스러운 비색을 내기 위해서는 불과 태토(胎土)와 유약 등 3요소가 조화를 이루어야 되고, 가마 안에서도 불의 작용과 기상조건에 따라 변화가 무쌍하기 때문에 극도로

■ 푸조나무 수령 400년의 이 노거수는 청자 도요지 인근 도로변에 있다.

신경을 써야 한다고 한다. 그러나 이렇듯 지극 정성을 다한 청자도 선별 과정에서 상당수가 가차 없이 깨어져 버려진다.

현재 관요로 운영되고 있는 청자사업소에서는 연간 3만 2천여 점의 청자가 생산되고 있다. 이들 청자들은 전시장에서 일반인들에게 판매되고 있으며, 수익금은 군 재정으로 포함되고 있다. 처음엔 적자 운영을 면치 못한다는 지적이 있었으나, 최근엔 적어도 몇 개월 전에 예약 주문을 하지 않으면 구입할 수 없을 정도로 판매량이 증가하고 있다.

한편, 청자사업소 일대는 강진을 대표하는 축제인「청자문화제」가 열리는 현장이기도 하다. 매년 8월중(약 9일간) 이곳은 청자 빚기 체험 등 축제를 즐기기 위해 국내외에서 몰려든 인파로 북새통을 이룬다. 작년 축제 기간 중 몰려든 인파만도 70여 만 명에 이를 정도로「청자문화제」는 명실상부한 전국최우수축제로 자리를 잡았다.

대구면 사당리 청자사업소 앞 도로변에는 수령이 400여 년이 넘은 푸조나무가 서 있다. 천연기념물 제35호로 지정된 이 나무를 이곳 사람들은 '개팽나무'라고 부른다. 한 뿌리에서 난 가지 6개가 연립한 이 노거수는 높이 11m, 둘레 8.16m로 가을이면 까만 개팽(개평) 열매가 열리는데, 달착지근한 맛이 있어 먹을 만하다. 해마다 정월 대보름이면 마을 사람들이 이곳에 모여 당산제를 지낸다.

정수사 가는 길

청자사업소 앞에서 북동쪽으로 6km쯤 떨어진 용운리 항동마을 천개산(천태산) 아래에는 정수사(淨水寺)라는 자그마한 절간이 있다. 깊은 계곡을 구불부불 돌아 이 절간에 이르는 길은 길고 아련하여 산책길로 그만이다. 고려청자를 굽던 수많은 도요지가 있었던 당전 저수지와 그 주변에 늘어선 늙은 바위들, 산기슭에 옹기종기 모여 있는 허름한 집들은 아득한 옛 정취를 한껏 자아낸다. 절간 가는 길이면 어딘들 아름답지 않은 곳이 있을까만, 성전면의 무위사 가는 길과 대구면의 정수사 가는 길은 어디 먼 곳을 헤매다 지쳐 되돌아온 영혼을 감싸 안듯 포근하고도 적요롭기 그지없다.

■ **정수사의 가을** 굳이 절간이라는 생각이 안 들 정도로 아담하고 소박하기 그지없는 정수사는 고려 때 무명 도공들의 심신수련 도량이었을 가능성이 크다.

정수사는 한때 해남 대둔사의 본사였고 산기슭 일대에 48개의 암자를 거느린 큰 절간이었다고 한다. 그러나 현재 대웅전 등 몇 채의 건물만이 남아 있는 정수사는 절간이라고 생각하기 힘들 정도로 아담하고 소박하다. 더구나 지금은 절간 입구에 몇 채의 음식점이 들어서 민가와 경내의 구분이 없다. 완만하고 그윽하게 굽이치는 산자락도 일품이지만, 절간 부근의 시냇물이 시원하고 깨끗하여 여름철이면 많은 사람들이 더위를 식히기 위해 이곳을 찾는다.

「정수사 사적기」(19세기 초반 편찬 추정)에 따르면, 천태종 계열인 정수사는 통일신라 애장왕 원년(800)에 도선국사가 창건한 것으로 되어 있다. 그러니까 장보고가 완도에 청해진을 설치할 때보다 50여 년이 앞선다. 도선국사의 창건설은 생존 연대(827~898)와 맞지 않아 신빙성이 떨어지지만, 창건 당시 이곳에는 두 개의 절간이 있었다. 하나는 천개산 중턱에 지은 묘적사(妙寂寺)요, 다른 하나는 지금 정수사의 옛 절인 쌍계사(雙溪寺)다. 묘적사는 법당에 천불상을 봉안했으나 임진왜란 때 불타버려 흔적만 남아 있다. 쌍계사라는 이름은 동쪽과 서쪽 계곡에서 흘러내린 두 시내가 절간 앞에서 합류한다 하여 붙여진 것이다. 당시 이 절간은 법당이 셋, 누각이 둘, 종각이 하나, 사문 하나, 암자가 열다섯 채가 있었다고 한다. 17세기 후반에 이르러 정수사로 개명했다.

  정수사는 조선 초기 왜구의 침략으로 소실된 것을 선조 7년(1574)에 옛 모습 그대로 중수하였으나 임진왜란과 정유재란 때 다시 대파되었다. 그 후 인조 22년(1644) 옛 건물을 헐고 새로 절간을 지었으며, 다시 몇 차례 중수를 거듭하다가 정조 18년(1794) 완도 고금도에 있는 왕묘의 수호원당이 되면서 각종 사역(寺役)이 면제되고 사세가 크게 확장되어 절간 일대에 22개나 되는 암자를 거느리게 되었다. 그러나 그 후 사세가 급격하게 기울면서 천불 등 유물들마저 해남 대흥사로 옮겨갔다. 유물을 실은 달구지가 사당리 당전마을 앞을 지날 무렵 큰북이 한없이 울었다는 일화도 전한다.

  정수사의 현존 건물은 싸리나무 기둥으로 유명한 대웅전을 비롯해 요사체, 나한전, 부속채 2채, 종각 등 6채뿐이다. 이 중 전라남도 지방 유형문화재 제101호로 지정된 대웅전은 정면 3칸, 측면 2칸의 다포식 맞배지붕으로 조선 중기 이후의 건물로 추정되고 있다. 현재는 개보수 공사가 한창이다.

무명 도공들과 정수사

그런데 주목할 만한 점은 이 정수사가 청자도요지와 밀접한 관련이 있을 것으로 보인다는 것이다. 이러한 추측은 양광식씨를 비롯한 강진의 여러 향토사학자들을 중심으로 제기되고 있다. 그도 그럴 것이 정수사의 건립 연대가 9세기 초로서 대구에서 청자를 굽기 시작하던 시기와 대체로 일치하며, 또 정수사가 강진청자를 맨 처음 구웠을 것으로 추정되는 용운리 항동마을과 지척에 자리하고 있기 때문이다. 더구나 현재까지도 청자도요지가 밀집된 대구면을 통틀어 정수사 말고 다른 절간이 없었음을 감안할 때, 정수사가 어떤 식으로든 청자도요지와 관련이 깊을 수밖에 없다는 주장은 충분히 설득력이 있다. 말하자면 그 당시 정수사가 청자를 빚는 도공들의 심신 수련의 도량이 아니었겠느냐는 것이다.

그러나 현재로선 추측과 정황만 있을 뿐 이를 입증할 만한 어떠한 기록도 없다. 『정수사 사적기』에도 이와 관련된 고려시대의 기록은 거의 드러나지 않는다. 하지만 찬란한 청자문화를 꽃피우던 고려시대에도 어떤 형태로든 정수사가 존재했고, 같은 지역의 만덕사(백련사)가 강진청자와 관련이 깊었음을 간과해서는 안 될 듯하다. 아무튼 앞으로 이에 대한 연구가 다각도로 진행되어 그 관련성이 밝혀진다면 정수사는 청자도요지와 관련된 새로운 유적지로 부각될 것임에 틀림없다. 그렇게만 된다면 이 절간에 무명 도공들을 위한 위령탑이나 참배당을 세워 그 뜻을 기리는 것도 의미 있는 일이리라.

서남해안의 관문 마량

마량(馬良)은 예로부터 강진·장흥·해남·영암으로 들어가는 서남해안의 관문이었으며, 해상 무역왕 장보고가 활약하던 시절엔 완도 청해진과 더불어 중국과 일본을 연결하는 해로의 요충지였다. 또 고려 말 이래로 영·호남의 세곡을 실은 조운선이 통과하는 지역이어서 항상 왜구의 침입과 약탈이 끊이지 않았던 곳이다. 조선 태종 때 전라 병영을 강진으로 옮긴 것도 이곳이 왜구의 침입이 가장 잦은 곳이었음을 말해 준다. 게다가 탐진(耽津, 강진)과 탐라(耽羅, 제주)라는 지명의 연관성에서도 알 수 있듯이 제주도와 한반도를 연결하는 통로였다. 지금도 마량 포구는 완도군의 고금·약산·금일·신지도 사람들이 가장 손쉽게 육지로 통하는 관문이기도 하다.

마량이라는 지명이 처음 문헌에 나타나는 것은 1429년이다. 『세종실록지리지』(1454) 1429년 4월 12일의 "전라감사가 아뢰기를 처치사영 소속 병선을 어란량(해남 어란)으로 옮겨 정박시키고, 어란량 병선은 달량(해남 남창)으로 옮겨 정박시키고, 달량 병선은 馬梁으로 옮기고, 마량 병선은 회령포(장흥 회진)로 옮기고, 회령포 병선은 녹도(고흥 녹동)로 옮기고…"라는 기록에 나타난 '마량(馬梁)'이 그것이다. 그러니까 마량(馬良)은 원래 마량(馬梁)이었으나 차후에 바뀐 것으로 보인다. '양(梁)'이란 해안의 돌출부에 자리한 촌이나 군사기지 성격을 갖는 곳을 가리키므로, '어란량', '달량'과 마찬가지로 마량(馬良)의 원래 표기는 '마량(馬梁)'이었음이 틀림없다. 그리고 보면 칠량면의 칠량(七良)도 원래 '칠량(七梁)'이었는지도 모른다.

그리고 마량이란 지명에 '마(馬)'자가 들어 있는 것은 이곳 일대의 지형이 말의 형국을 닮은 데서 유래한 것이라고 한다. 그래서 옛날엔 '오마지간(五馬之間)'이라 하여 '마'자가 들어간 5개 마을이 있었다. 원마(元馬)·숙마(宿馬)·땀마(담마)·백마(白馬)·음마(陰馬)가 그것이다. 이 중 말의 중심부에 해당하는 원마는 다시 1·2구로 나뉘는데, 현재 1구는 마량의 본터 자리이고, 2구는 1970년대 바다를 매립하여 신시가지가 형성된 곳을 가리킨다. 지금의 신마(新馬)마을도 원래는 원마 1구에 속했으나 해방 후 새로 분리됐다. 숙마(宿馬)는 해방 후 간척지가 조성되어 원포마을에서 분리된 마을로 말이 먹이를 먹고 쉬면서 누워 있는 형국이라 하여 붙여진 이름이다.

그런데 마량은 지형 탓인지는 몰라도 임진왜란 당시 실제로 제주의 말을 살찌워 한양으로 보낸 곳으로 널리 알려져 있다. 그러니까 야트막한 마량 일대의 구릉들이 옛날엔 목초지였던 셈이다. 1976년에 발간된 『마을 유래지』에 따르면 현재 마량 시가지가 자리한 원마 마을은 약 600년 전 제주 양씨(梁氏)가 처음 터를 잡았다고 기록되어 있어 이러한 사실을 뒷받침하고 있다.

마도진과 마도성

마량은 또한 왜구의 침입을 막기 위한 마도 만호진(萬戶鎭)과 마도 만호성(萬戶城)이 있었던 곳이다. 조선 초기부터 전라도 서남해안 지역에는 좌·우수영 각 1개소와 만호진 15개소가 설치된다. 원래 강진의 만호진은 탐진포(강진읍 남포)에 있었으나 1417년 병마도절제사영이 강진 병영으로 옮겨오면서 마도(馬島, 지금의 고금도)로 전진 배치된다. 그 후 왜구의 침입이 줄어들고 섬에서의 선상 생활이 불편하므로 병선을 고조눌이(高助訥伊)에 정박시켰다가 원포(垣浦)를 거쳐 1429년 마량(馬梁)에 정착한다. 그럼에도 불구하고 명칭이 원포 만호진이나 마량 만호진이 아니고 마도 만호진인 것은 처음 만호진을 설치한 곳이 마도라는 섬이었던 바, 이를 바꾸지 않고 계속 그대로 부르게 되었기 때문이다.

마도 만호성은 수상생활의 불편함을 해소하고, 육상으로 침투하는 적을 방어하며, 군량과 군기를 저장·보관할 목적으로 연산군 5년(1499) 가을에서 겨울까지 쌓았다고 한다. 현재 서문과 북문 주변 약 800m 정도가 남아 있는 이 성은 그 보존 상태가 비교적 양호하다. 버스를 타고 마량 입구로 진입하면 좌측으로 보이는 높은 돌담이 서쪽 성곽에 해당한다.

임진왜란 때 마도진과 마도성 군사들의 활약상 한 가지를 소개하면 다음과 같다. 이순신 장군은 통제사영을 목포 고하도에서 고금도 덕동으로 옮긴 후인 1598년 7월 24일 절이도 해전에서 왜적을 크게 무찔렀다. 이 해전에서 녹도(고흥 녹동) 만호 송여종은 8척의 병선을 거느리고 나가 왜선 6척과 왜군 69명을 포획했는데 이때 마도 수군이 참전하여 용감히 싸웠다고 한다. 충무공이 통제사영을 설치한 현 완도 고금도 덕동은 당시 행정구역상 마량과 함께 강진현에 속하였으며 마도진으로부터 직선거리로 10여 리 이내이다. 따라서 이곳에 통제사영을 설치할 때 가장 가까운 거리에 있는 마도진이 솔선수범하여 여러 가지로 수고와 협력을 아끼지 않았을 것으로 보인다. 마도진은 동학혁명 때 피해를 입어 1895년 폐진되었다.

희귀식물의 보고 까막섬

마량 앞바다에는 자그맣고 둥그스름한 섬 두 개가 그림처럼 떠 있다. 울창한 숲으로 덥혀 까맣게 보이는 이 섬을 이곳 사람들은 까막섬(가막섬)이라 부른다. 옛날엔 수천수만 마리의 까마귀떼가 날아와 앉아 까마귀처럼 까맣다 하여 까막섬이라고 불렀다고도 한다. 현재 무인도인 이 두 개의 섬은 마량항에서 300m쯤 떨어져 있는데, 썰물 때면 걸어서 건너갈 수 있다. 크기는 우측 큰섬이 6,300평, 좌측 작은섬은 4,300평이다. 이 나란히 떠 있는 두 개의 섬은 아늑한 마량 포구와 어울려 기가 막힌 구도를 연출한다.

천연기념물 제172호로 지정된 이 섬에는 열대성 난대림 120여 종이 우거져 있어 희귀식물의 보고이기도 하다. 주요 수종은 한약재로 쓰이는 후박나무를 비롯한 돈나무, 생달나무, 참식나무, 상수리나무, 굴참나무, 챙나무, 쥐똥나무 등이다. 이 섬의 중심부는 빽빽한 상록수림이 하늘을 가려 낮에도 캄캄하다. 따라서 손전등 없이 이 섬에 들어갔다가는 길을 잃

■ **마량 까막섬 전경** 희귀식물의 보고인 이 두 섬은 마량항의 자연 경관과 어울려 빼어난 구도를 연출한다.

고 헤매기 십상이다.

원래 적도 부근에 있다가 이곳으로 떠밀려왔다는 이 섬에는 재미있는 전설이 전해 내려온다. 옛날 어느 부인이 다리가 불구인 아들을 업고 부둣가를 산책하는데, 갑자기 서쪽에서 두 개의 섬이 둥둥 떠밀려 왔다. 이를 보고 소스라치게 놀란 부인은 아들을 보며, "얘야, 저기를 좀 보아라. 저 섬은 발이 없어도 물 위를 걸어오는데 너는 어찌하여 두 발이 있어도 걷지를 못하느냐"며 크게 한탄했다. 이 말이 끝나자마자 두 섬은 그 자리에 멈춰서 까막섬이 되었고, 걷질 못하던 아들은 잘 걷게 되었다는 이야기다.

천혜의 미항 마량 포구

　유서 깊은 마도진이 있었고, 까막섬이 수묵화처럼 떠 있으며, 고금도와 약산도가 든든하게 풍랑을 막아주는 마량 포구는 천혜의 미항이다. 남도의 포구들이 다 특색이 있지만 이곳만큼 소박한 아름다움을 간직한 곳도 드물다. 그래서 필자는 마음이 어지러울 때면 만사 제치고 이곳을 찾는다. 밤중이라도 느닷없이 차를 몬다. 목포에서 이곳까지는 자동차로 1시

■ **마량 포구** 청정구역인 마량포구는 아름다운 풍경과 소박한 정취가 물씬 풍기는 천혜의 미항이다.

간 거리다. 도착해서는 여관에 잠자리를 마련하고 방파제로 나선다. 그리고는 방파제 부근 포장마차에서 밤바다를 보며 소주를 마신다. 자그마한 시골인지라 밤이면 인적이 드문 포구에서 포장마차 주인과 담소를 나누며 들이키는 술맛은 특별하다. 경험해보지 못한 사람은 그 참맛을 결코 모를 것이다. 이렇게 어머니 품속처럼 아늑한 포구에서 하룻밤을 보내고 나면 숨통이 트이고 새로운 활력을 되찾곤 한다.

마량 포구는 낮보다 밤의 풍경과 정취가 아름다운 곳이다. 특히 휘영청 보름달이 뜬 여름밤의 정취는 압권이다. 달빛이 융융하게 내려앉는 바다는 흰 소금밭이다. 그 환상적인 바다에 취한 사람이라면 소금밭을 걸어 건너편 고금도로 건너가고 싶을 것이다.

여름밤 방파제에는 사람들이 몰려든다. 알맞게 불어주는 시원한 바람 때문에 모기 한 마리 얼씬거리지 않는다. 사람들은 자리를 펴고 앉아 술을 마시거나 밤낚시를 드리운다. 연인들은 제비새끼들처럼 쌍쌍이 방파제 끝에 앉아 노래를 부른다. 그들의 노랫소리로 자그마한 포구의 여름밤이 흥청 깨어진다.

바다낚시의 천국

마량 포구는 바다낚시의 천국이다. 봄부터 가을까지 전국에서 수많은 태공들이 이곳으로 몰려든다. 매년 이곳에서 전국 단위 바다낚시 대회도 열린다. 배낚시를 주로 하는 이곳의 주요 포인트는 고금도·약산도·금일도·

생일도 바다에 떠 있는 양식장 부근이다. 선장이 딸린 배는 척당 12만 원이면 탈 수 있다.

예로부터 이곳에서 잡히는 고기는 그 맛이 뛰어나기로 유명하다. 특히 바다낚시의 주어종인 감성돔 맛은 최고로 친다. 청정구역이라 물이 맑고 펄이 깊어 고기 맛이 부드럽고 차지기 때문이다. 일제시대에는 "약산돔은 조선놈들이 먹기엔 아깝다" 하여 잡히는 족족 일본으로 가져갔다는 말까지 있을 정도다.

필자도 바다낚시를 즐기는 편인지라 이곳으로 출조한 경험이 많다. 산란 감성돔은 5월 보리누름이 제철이고, 살감성돔(이곳 사람들은 '비드락'이라고 함)은 9월이 제철이다. 특히 추석 무렵 이 일대 섬들의 갯바위에는 빈틈이 없을 정도로 낚시꾼들이 몰려 장사진을 이룬다.

싱싱한 자연산 생선회 맛

강진에 와서 생선회를 맛보려면 당연히 마량 포구를 찾아가야 한다. 그러나 이곳의 생선회 값은 만만치 않다. 횟감의 주어종인 돔이나 농어의 경우 1킬로그램에 7만원을 호가한다. 다른 지역보다 평균 2만원 정도 더 비싸다. 그래서 처음 찾아와 회를 시키는 사람들의 입에서는 불만의 소리가 터져 나온다. 하지만 거기에는 그만한 이유가 있다. 그 이유를 한 마디로 말한다면 세발낙지 값이 가장 비싼 곳이 목포라는 사실과 같다.

첫째, 생선 횟감은 자연산만 쓴다. 앞에서도 말했듯이 약산도 등지에서

■ **싱싱한 생선회** 자연산 횟감만을 쓰는 마량 포구의 생선회 맛은 다른 곳과 비교를 불허한다.

잡히는 마량의 생선들은 육질이 차지고 부드러워 최고로 친다. 청정한 바닷물과 깊은 갯벌에서 자란 고기들이기 때문이다.

둘째, 선도가 뛰어나다. 주로 영세 어민들이 소형 어선을 타고 주낙이나 그물로 건져 올리는 생선들이 이른 아침 횟집으로 그대로 공급된다. 따라서 여러 유통 경로를 거치는 다른 지역의 고기와는 그 신선도에서 크게 차이가 난다.

현재 마량 포구에는 '건강횟집'(061-433-0561)을 비롯한 14군데의 횟집이 있다. 이들 횟집들은 친목계를 맺어 서로 사이좋게 장사를 한다. 그러나 이들 횟집 주인들은 현재 진행 중인 마량과 고금도를 연결하는 연륙교

공사로 걱정이 태산이다. 연륙교가 완공되면 손님이 크게 줄어들 것이 예상되기 때문이다. 어찌 횟집뿐이겠는가. 그렇게 되면 인근 섬 지역 사람들의 생활필수품 공급원이었던 마량의 상권이 고금도나 강진읍으로 넘어가게 되고, 배를 타고 반드시 마량항을 경유하던 사람들도 차를 타고 그냥 다리 위를 지나가버릴 것이다.

그러나 그렇게 비관적이지만도 않다. 연륙교 공사로 인한 피해가 우려된 것이 사실이지만, 활어 위탁판매장을 잘 운영한다면 그래도 자연산 생선회를 맛보기 위해 찾는 사람들이 적지 않을 것으로 기대되기 때문이다. 또 현재 강진군에서는 마량항 어촌어항 복합공간 조성공사의 일환으로 방파제를 확장하고 있으며, 다양한 조명을 통한 물과 빛의 조화로 아름다운 포구의 밤을 연출하기 위해 원형광장을 조성하고 있다. 주민들은 종합관광레저타운을 건설해야 한다고 주장하기도 한다. 아무튼 예로부터 동북아 해로의 중간 거점이자 섬사람들이 육지로 통하는 관문이었던 천혜의 미항 마량 포구가 제 기능을 잃지 않고 강진의 산하와 함께 변함없는 아름다움을 간직하기를 소망한다.

III

강진, 강진의 산하

도강과 탐진이 합쳐진 강진

　강진(康津)이란 지명은 도강(道康)과 탐진(耽津)이라는 두 고을이 하나로 합해진 데서 유래한다. 먼저 도강은 지금의 병영면, 작천면, 성전면, 옴천면 일대로서 백제시대에는 도무군, 통일신라시대에는 양무군, 고려시대에는 도강현으로 고쳐 부르다가 조선시대 태종 17년(1417) 광산현(현 광주시 광산구 영동리)에 있던 병마도절제사영을 도강현(현 병영면 성동리)으로 옮긴 후 탐진현과 합하여 강진현이 되었다. 그리고 탐진은 지금의 강진읍을 비롯한 군동면, 도암면, 신전면, 칠량면, 대구면, 마량면 일대로서 백제시대에는 동음현이었는데, 통일신라시대부터 탐진현으로 고친 뒤 계속 같은 이름으로 부르다가 조선시대 태종 17년에 이르러 역시 도강현과 합하여 강진현이 되었다. 강진현은 한말인 1895년 전국이 23부제로 행정구역이 개편되면서 나주부 관할 강진군이 된 뒤 오늘에 이르렀다. 현재 강진군은 1읍 10면으로 이루어져 있으며, 현재 인구는 약 5만여 명이다.

　그런데 행정구역상 오늘의 강진이 있기까지 숱한 파란이 있었음을 고증을 통해 알 수 있다. 먼저 『삼국사기』(1145) 지리지 백제 조를 보면, 당시 도무군은 그 속현으로서 동음현뿐만 아니라 고서이현(현 해남군 마산면), 색금현(현 해남군 현산면), 황술현(현 해남군 문내면)까지를 포함한 전남 서남부 일대를 관할하는 중심 치소(治所)였다.

　통일신라시대에도 도무군에서 양무군으로 그 이름만 바뀐 채 세력을 그대로 유지하는데, 탐진현(동음현)을 비롯한 고안현(고서이현), 침명현(색금현), 황원현(황술현) 등 4개 속현이 그것이다. 특히 이 시기(757)의 탐

■ 까치내재에서 바라본 강진읍 일대 드넓은 군동평야와 탐진강이 강진만과 만난다.

진현은 한반도와 제주도를 연결하는 고대 해상교통의 요지로 부각된다. 이는 '탐진(耽津)'과 '탐라(耽羅)'라는 지명의 상호연관성이 이를 입증하는데, 이에 대한 관련 기록은 『고려사』와 『신증동국여지승람』에 나와 있다. 또한 당시 양무군의 관할이었던 지금의 완도읍 죽청리와 장좌리 일대에 청해진(淸海鎭)(828)을 설치, 장보고(張保皐)를 중심으로 대활약을 펼침으로써 이 지역이 당시 한·중·일 무역의 거점으로 부상했음은 물론 나중에 강진 대구면 일대 고려청자문화 발달의 배경과 무관치 않은 것으로 학자들은 보고 있다.

그러나 고려시대에 들어 양무군은 도강군으로 이름이 바뀌면서 속현이었던 탐진현을 인근 영암군에 넘겨주고(940), 다시 도강군마저 황원현 등

나머지 속현과 함께 영암군의 군현으로 흡수(1018)되면서 현재의 강진지역은 독립된 행정영역을 완전히 상실하게 된다. 게다가 영암의 속현이던 정안현이 장흥부로 승격되면서 영암군에 속해 있던 탐진현이 장흥부로 이전(1124)된다. 고려시대에 들어 강진지역의 이 같은 급격한 세력 약화의 요인에 대해 공주대 이해준 교수는 "이 지역이 신흥하는 고려왕조의 세력에 대해 저항적이고, 후백제 편향의 정치적 입장을 표방한 때문"으로 조심스럽게 진단하고 있다. 또한 이 시기에 완도군의 부인도, 은파도, 벽랑도, 선선도, 완도 등이 탐진현에 속해 있었다.

조선시대에 들어서는 영암군에 속해 있었던 도강현과 장흥부에 속해 있었던 탐진현이 합쳐져 강진현이라는 새로운 행정 영역이 탄생하게 되는데, 이때가 앞에서 말한 대로 태종 17년 병마도절제사영이 지금의 병영면으로 옮겨오면서부터이다. 그리하여 조선 초기의 행정 영역은 한말까지 거의 그대로 존속되다가, 1895년 현이 군으로 바뀐데 이어 강진군에 속해 있었던 고금도, 조약도(약산도), 신지도, 청산도, 완도(완도읍) 등 5개 섬을 1896년 신설된 완도군에, 1914년 당시 백도면의 일부를 해남군에 각각 넘겨주게 된다.

그렇다면 위에서 살펴본 강진군 행정 영역의 역사적 변천을 토대로 우리는 다음과 같은 몇 가지 새로운 사실을 알게 된다.

첫째, 현재의 행정 영역만을 가지고 강진군 전체의 역사·문화적인 배경이나 시대상을 이해하려 해서는 안 된다는 점이다. 과거의 강진은 지금의 해남, 완도까지를 관할하는 대군(大郡)이었음은 물론 인근 영암, 장흥 그리고 뱃길을 통한 진도, 제주에 이르기까지 교류가 가능했다. 따라서 이들 지역과 연관지어 바라보아야 할 필요성이 반드시 있다는 것이다. 특히 당시 강진에 속했던 완도 청해진과 대구면 청자 도요지와의 관계, 탐라(제주)와 한반도를 연결하는 고대 항로의 최초 지점인 탐진(강진)과의 관계 등이 재고되어야 하리라 본다.

둘째, 현재와는 달리 과거 강진의 또 하나의 중심지는 병영면(현 하고·중고리 일대로 추정)이었다는 점이다. 병영면은 백제의 도무군, 통일신라의 양무군, 고려와 조선시대 도강현의 치소였다. 조선 태종 17년(1417) 병마도절제사영이 설치되면서 도강현과 탐진현을 합하여 강진현이라 부르면서부터 그 치소를 탐진현의 옛 치소(현 강진읍)로 옮기게 되지만, 1894년 12월 동학농민군에 의하여 폐영될 때까지 전라도 53주 6진을 관할했던 전라병영성이 있던 곳이기도 하다. 한편 탐진현의 옛 치소였던 지금의 강진읍은 통일신라시대에는 양무군의 속현이었으며, 조선시대 강진현으로 통합될 때부터 현재에 이르기까지 강진의 중심이 되고 있다. 이렇게 볼 때 '강진'이라는 지명의 유래에서도 드러나듯 도강의 중심지였던 병영면은 탐진의 중심지였던 강진읍과 더불어 강진을 대표하는 두 중심축이라 할 만하다.

와우형국의 산과 오니의 바다

전라남도 서남부에 자리한 강진은 동쪽으로는 장흥, 서쪽으로는 해남, 북쪽으로는 영암 그리고 남쪽으로는 바다를 끼고 완도와 이웃한 조용하

■ **강진만** 요니(여음)의 강진 바다와 기름진 뻘밭은 안온한 나루터를 만들면서 수많은 해산물을 기른다.

고 아늑한 고을이다. 달리 말해 동·서·북쪽은 산으로 보호막을 치되 남쪽으로는 문을 열어 내륙 깊숙이 바다를 불러들이고 있으니 지명이 뜻한 바대로 천혜의 '안온한 나루터' 인 셈이다.

우선 산세를 둘러보면, 백두대간의 한 지맥인 기골이 장대한 월출산(809m)이 북쪽에 떡 버티고 앉아 동서로 길게 제 팔을 뻗어 강진땅 전체를 감싸고 있다. 오른팔에 해당하는 서쪽 산줄기는 서기산(511m), 석문산(272m), 덕룡산(433m), 주작산(475m) 그리고 해남의 두륜산, 달마산, 땅

끝 갈두산까지 차례로 굽이치다 남해바다로 흘러든다. 또한 왼팔에 해당하는 동쪽 산줄기는 수인산(修仁山, 561m), 화방산(花芳山, 402m) 그리고 장흥의 사자산, 천관산을 거쳐 다시 부용산(芙蓉山, 609m), 천태산(天台山, 549m)까지 이어지다 남해바다로 잦아든다. 이 큰 두 산줄기 안에 별도로 강진의 중심지역을 품은 보은산(寶恩山, 439m)과 비파산(琵琶山, 400m), 만덕산(萬德山, 409m)이 놓여 있다.

이 양쪽 산줄기의 생김새를 비교한다면, 둘 다 빼어난 자태를 자랑하면서도 차이가 있다. 기묘한 바위가 많아 마치 병풍을 몇 십리까지 일렬로 펼쳐놓은 것 같기도 하고, 거대한 공룡의 등갈기 같기도 한 서쪽이 사납고 남성적이라면, 바위가 많지 않고 높은 산 못지않게 야트막한 산들이 지그재그로 혼재한 동쪽은 부드럽고 여성적이다. 따라서 산의 높낮이가 별로 없이 일렬로 빠르게 이어지는 서쪽 능선이 다소 직선적이라면, 산의 높낮이가 많고 능선이 유장한 동쪽은 곡선적이다(이러한 생김새는 강진읍 북산에 있는 고성사에 올라 바라보면 분명히 구별됨). 또한 서쪽이 귀족적인 절경을 자랑한다면 동쪽은 서민적이요, 서쪽 능선 아래로 떨어지는 일몰과 월몰이 장관이라면 동쪽은 천관산 자락으로 두둥실 떠오르는 일출과 월출이 또한 장관이다. 그래서 강진사람들은 옛날 탐진현감의 명판결문에서 따온 "생거칠량 사거보암(生居七良 死去寶岩)"이라는 구절을 자주 입에 오르내리는 바, 풀이하면 "칠량에서 살다가 죽으면 보암(도암의 옛 이름)에 묻힌다"는 뜻이다. 즉 생전에는 오곡과 어물이 풍부하고 교통이 편리한 강진만의 동쪽에 있는 칠량이 좋고, 죽어서는 산세가 좋고 명당이 많은 강진만의 서쪽 도암으로 가 묻히라 하였으니 이 또한 양쪽의 산세를 비교할 수 있는 좋은 예이다.

　다음으로 수세를 살펴보면, 전남의 3대 강의 하나인 탐진강(耽津江)이 동에서 서로 흐른다. 장흥 유치의 가지산에서 발원한 물줄기와 월출산 남록에서 발원한 물줄기가 서로 만나 이루어진 이 강은 강진의 들녘을 적시며 유유히 흐르다가 강진만과 만난다. 어머니의 자궁처럼 내륙 깊숙이 파고든 강진만은 그 청정한 물빛 속에 양쪽 산자락을 빠뜨리며 유유자적하는가 하면 주변에 수많은 바닷가 마을을 기르며 자장가처럼 찰랑댄다. 또한 까막섬, 대섬 등 6개의 자그마한 섬들을 오리새끼들처럼 띄워 잠방거리게 한다. 그리고 썰물이 지면 드러나는 허리까지 빠지는 질펀한 개펄은 예로부터 그 유명한 강진의 바지락과 대합 등 해산물의 보고이다.

　이렇듯 강진의 산하는 산(山)과 수(水)가 서로 조응하여 빼어난 풍광을 연출하고 여기에 물(物)이 풍부하여 걱정이 없어 편안하니 그야말로 강진(康津)이요, 편안하고 여유로워 풍류가 또한 있으니 가히 탐진(耽津)이라 할 만하다.

　그렇다면 앞에서 살핀 산과 수의 생김새를 토대로 강진의 풍수를 들여다보면 어떤 형국이라 말할 수 있을까. 그것은 사람의 하체(여자) 또는 '요니 형국(女陰形局)'이다. (지도를 펼쳐놓고 강진 부분을 유심히 들여다보라). 풍수지리학에 관한 한 문외한이나 다름없는 필자의 눈에는 특히 영락없는 요니형국으로 보인다. '요니'란 여자의 성기를 가리키는 말이니 연세가 지긋한 강진사람들은 혹시 필자를 죽일 놈이라고 몰아 부칠지도 모르겠다. 그러나 그렇게 보는 사람이 필자 말고 또 있다. 『칼의 노래』를 쓴 소설가 김훈은 기행산문집 『풍경과 상처』에서 강진만을 다음과 같이 묘사하고 있다.

> 강진만의 바다는 따스한 요니(女陰)처럼 육지를 파고들어 조붓하고 아늑하였다. 등 푸른 여름산맥들이 그 요니의 바다를 따라서 만의 하구로 치닫고 있었다.

요니는 생명 탄생을 위한 입구와 출구로서 자궁과 연결되어 있는 중요한 기관이다. 자궁은 알다시피 생명이 잉태하여 바깥세상으로 나오기 전까지 자라고 놀 수 있는 가장 편한 공간이다. 그래서 사람은 세상에 태어나서도 어머니의 자궁을 닮은 장소를 동경하게 되며 죽어서 자궁으로 돌아가기를 꿈꾸는 본능을 지니고 있으니 이것이 다름 아닌 '자궁회귀본능설'이다. 이 자궁회귀본능은 인간의 낙원의식이나 고향의식과도 연결된다. 또한 자궁은 풍수학상으로 보면 명당자리에 해당하지 않던가. 그런데 강진의 지형이 다름 아닌 요니 형국이니 바로 천혜의 명당이요, 포근하고 아늑한 만인의 낙원이자 고향이 아니고 무엇인가.

그렇다면 강진의 요니 형국을 구체적으로 어떻게 설명할 수 있을까. 다소 우스꽝스럽긴 해도 강진만이 바로 그 요니의 질 부분, 강진만의 양쪽 산줄기들이 대음순, 바다의 위 아래로 흩어져 있는 섬들이 소음순, 그 섬들 중 맨 위에 있는 대섬(竹島)이 음핵에 해당된다고 볼 수 있다. 특히 이 음핵에 해당되는 대섬은 강진에 부자가 많은 요인이라 하여 일제시대엔 이를 시기한 일본인들이 다이너마이트로 폭파하려 했으나 강진사람들의 저지로 실패했다는 일화까지 남아 있다. 그러면 자궁에 해당되는 부분은 어디일까가 궁금한데, 그곳이 다름 아닌 지금의 강진읍이다. 말하자면 현

강진산 대합 탐진강 하구 구로에서 채취한 강진대합은 예로부터 '강진원님 대합 자랑'이란 말을 들어왔다.

강진읍은 최고의 명당에 해당되는 곳이다.

이렇듯 밀물과 썰물이 하루에 두 번씩 요니의 물길을 따라 들락거리는 탐진바다는 언제나 잔잔한 평화를 강진 사람들에게 안겨 준다. 아무리 태풍이 불어도 동·서·북쪽으로는 건강한 팔뚝의 산들이 그리고 남쪽으로는 올망졸망한 다도해의 섬들이 방파제 역할을 해 주기 때문이다. 그래서 필자는 외지인들과 강진의 산하를 답사할 때마다 "마음 깊은 곳에 숨겨둔 고향에 온 것 같다"는 소리를 자주 듣는다. 서울에서 태어난 사람들일수록 더욱 그렇다. 이러한 소회를 부추기는 데는 다른 무엇보다도 강진만이 그들을 매료시키는 힘이 크기 때문이리라.

그리고 강진만이 항상 바닷물로 넘실대고 갯벌이 넓고 깊어 조개 등 맛이 뛰어난 해산물이 많이 생산되고 있는 걸 보면 강진땅이 아직껏 건강하고 풍요롭다는 증거이다. 그러나 여기저기 해안을 막아 간척사업을 벌이고 그 위에 공장을 지어 오폐수를 흘려보내어 청정한 바닷물을 오염시킨다면 바다는 병들어 더 이상의 풍요와 아름다움을 선사할 수 없을지도 모른다.

한편, 강진의 지형은 예로부터 '와우형국(臥牛形局)'이라고 널리 알려져 있다. 황소가 누워 있는 형국이라는 뜻이다. 이는 강진땅 전체를 일컫는 것이라기보다 현 강진읍의 뒷산인 보은산(지금의 北山) 일대를 중심으로 볼 때 그렇다는 것이다. 황소가 비스듬히 누워 한가롭게 되새김질하는 모습을 연상하면 틀림없다. 그런 황소의 품안에 강진읍이 자리하고 있다.

그런데, 강진읍 일대는 실제로 이 와우형국의 풍수설에 입각한 지명이 허다하게 널려 있다. 필자는 관련 자료만으로 충분치 못하다 생각하여 현지의 이형희, 김영렬(작고), 최재표, 김성씨 등으로부터 직접 자세한 이야기를 들었는데, 그것을 정리하면 다음과 같다.

먼저 보은산 정상 우두봉(牛頭峯)은 소의 머리를 뜻하고, 강진읍성터는 소의 얼굴 부위에 해당한다. 지금의 군청(옛 동헌) 앞에는 쌍샘이라 하여 두 개의 우물이 있었는데 이는 소의 좌우 콧구멍이고, 청사는 황소의 콧등에 해당한다. 또한 읍의 동편(동성리)과 서편(서성리)에 큰 공동우물이 있는데, 서쪽은 소의 오른쪽 눈이요 동쪽은 왼쪽 눈에 해당한다. 참고로 소의 왼쪽 눈에 해당하는 동문안샘 부근은 다산선생이 처음 강진으로 유배와 머물렀던 곳으로 '사의재'가 있던 주막거리다. 그리고 우이봉(牛耳峯)으로 부르는 산줄기와 고성사 일대는 소의 귀에 해당하는데, 고성사의 범종은

■ **강진산 바지락** 강진산 바지락은 예로부터 임금님 진상품으로 유명하다.

소의 풍경을 뜻한다. 경회 김영근 선생의 「금릉팔경(金陵八景)」 중 '고암모종(高庵暮鍾)'은 이 고성사의 저녁 불공을 드리는 쇠북소리를 읊은 것인 바, 강진사람들은 이를 소의 풍경소리로 이해한다. 이 고성사도 다산선생이 사의재에서 옮겨와 4년간 머물렀던 곳이다. 또한 저수지가 있는 고성사 아래쪽에는 소의 귀와 관련된 귀밑재가 있는데, 이는 소의 귀 바로 밑 고개라는 뜻이고, 이 고개를 넘으면 하이변(下耳邊, 귀미테 마을)이라는 마을까지 있다. 그리고 강진읍 입구(다산동상 부근) 보은산의 끝자락을 강진말로 씻끝이라 하는데, 이는 소의 혀끝이며, 지금의 강진농고가 있는 곳은 소의 젖에 해당하는 곳이다.

이렇듯 소의 신체 기관에 해당하는 곳 이외에도 와우형과 관련된 이름이 더 있다. 강진읍 앞 들판 한가운데 자리한 목리(牧里)라는 마을의 옛 이름은 초지(草旨)로서 다산초당 가는 쪽에 있는 초동(草洞)마을과 함께 소가 뜯어먹을 넓은 풀밭에 해당한다. 옛날 바닷물이 밀고 올라와 배가 드나들던 포구의 장터라 하여 배들이장이라 불렀던 지금의 해태유업이 들어선 자리를 구싯골 즉 소의 여물통이라 하며, 해남방면 도로에서 다산초당 가는 샛길로 꺾기 전의 야트막한 고개를 소가 일하는 곳이라 하여 논치(勞牛峙), 여기에서 4km쯤 가면 소가 일하다 도망가 쉬는 곳이라 하여 시웃재(休牛峙) 또는 쉼바탕, 소의 멍에에 해당하는 강진만 앞바다의 가우도(駕牛島) 그리고 소똥이 떨어진 자리에 해당하는 영포(옛 백금포)가 있다.

그런데 이 와우형국에 관련된 이름들은 실제로 강진의 역사적 변천사와 오늘의 인물사, 그리고 부의 흐름과도 일맥상통하는 특수한 사례를 보여주고 있어 흥미롭다. 또한 지역민들은 앞으로 강진의 흥망성쇠까지도 이와 관련지어 내다보고 있기까지 하다.

우선 강진의 중요 공공기관은 소의 머리 부분에 해당하는 자리에 밀집되어 있다. 특히 씻끝에 해당하는 부근은 소의 두뇌에 해당한다고 하여 강진고를 비롯한 교육기관과 강진의료원, 농업기술센터 등 주요 기관이 들어서 있다. 소의 콧등에 해당하는 자리엔 강진군청과 경찰서가, 콧구멍에 해당하는 자리엔 군립도서관이 들어서 있다. 소의 귀에 해당하는 고성사는 다산선생이 4년간 머물며 그의 큰 아들과 함께 주역 등 학문을 닦았던 곳이고, 소의 얼굴 부위에 있는 영랑 생가를 이곳 사람들은 예로부터 3대 판사가 날 자리라고 한다. 풍장득수(風障得水)라 하여 온갖 바람을 막아주되 동풍(東風)만이 들고, 남포의 밀물 드는 것이 보이되 썰물은 안 보이니 운과 재물이 한눈에 들어오는 명당자리라는 것이다. 3대 판사는 아니지만 이 땅의 빼어난 서정시인을 배출했으니 이 또한 빈말이 아니라고 보겠다. 그리고 귀미테 부락은 명당의 기운을 받아 삼천리호 자전거로 부를 이룬 김향수(현 아남산업 회장)씨가 태어난 곳이다. 또 소똥이 떨어진 자리인 영포는 일제시대에 이 일대의 농산물을 운반하는 전진기지로 활용되었으며, 정미소를 경영하여 재산을 모은 사람들이 살았던 곳이다.

그러나 현재 소의 정수리에 해당하는 우두봉에 '자연보호'라는 명분으로 철탑을 박았고, 도로확장공사를 한다며 가장 중요한 부위에 해당한다는 씻끝의 끄트머리를 잘라버렸으며, 버스터미널부터 영랑 생가까지 일직선으로 영랑로를 뚫어 강진읍을 반으로 횡하게 갈라놓고 있어 안타깝다. 정수리에 철탑을 박았으니 도끼로 소의 머리를 치는 격이며, 혀를 잘

■ 만덕산에서 바라본 강진의 산하 와우형국의 보은산(우두봉)이 강진읍을 감싸고 있다.

렸으니 입이 있어도 말을 못하고 먹을 것이 있다고 한들 먹지 못하는 격이다. 또 운과 재물이 들어와 모여 쌓이는 영랑 생가의 기운이 오히려 영랑로를 따라 빠져나가고 있다.

그뿐만이 아니다. 강진에 번영을 가져온다는 속설을 지닌 가우도의 동쪽에 벌이고 있는 간척사업과 규석을 캔답시고 명산의 기운을 무시한 채 만덕산 옥녀봉(필봉)과 덕룡산의 심장부를 헐어내는 일, 소가 마실 물에 해당하는 강진읍 자리의 여러 우물을 메워버린 일 등 곳곳에서 무분별한 훼손이 자행되고 있다. 다시 말해 가우도의 서쪽은 간척사업 등으로 육지와 연결하더라도 동쪽으로는 물이 흐르는 바다가 남아 있어야 강진이 번영한다는데 이를 무시한 것이고, 천상의 옥녀가 배를 짜서 강진사람들에게 비단옷을 입혀주니 그 덕이 크다는 만덕산 옥녀봉의 배틀 부위를 한국유리주식회사가 헐어 흉측한 자연 훼손과 공해만 야기할 뿐 규사의 원석을 인천시로 직송하여 지역경제에도 도움이 되지 않으니 강진사람들은 이래저래 손해만 보고 먼 산 쳐다보는 격이며, 옛 속설에 '소가 마실 물이 없어지면 외지인들이 기세를 부리게 된다'는데 이제 읍내의 우물이 대부분 메워져 마실 물이 없어졌으니 앞으로 외지인들에 의해 강진이 어떤 변화를 겪게 될지 두고 봐야 할 일이다.

이렇듯 지역의 원로들은 풍수설에 따라 강진의 길흉을 풀이하고 있는 바, 이는 오랜 세월동안 믿고 지켜왔던 신앙과도 같은 것이므로 관계 기관에서는 비현실적인 생각이라고 무시만 할 것이 아니라 앞으로라도 이를 충분히 고려하여 개발을 펴나가야 바람직할 것 같다.

그리고 와우형국과 관련된 전설이 전해 내려오고 있어 흥미롭다. 이 전설은 강진사람들의 기질을 엿볼 수도 있는 것이어서 여기에 소개한다.

지금으로부터 약 360년 전 강진현에 부임한 현감들은 이 지역 이속(吏屬)들의 텃세가 워낙 깔깔하여 미처 임기를 채우지 못하고 도망치듯 떠나는 일이 많았다고 한다. 때문에 누구나 강진현감으로 부임하기를 꺼리는지라 자리가 비어 있을 때가 종종 있었다. 그런데 조선 효종 2년(1651) 신유(1651~1653까지 현감으로 재임)라는 사람이 자원하여 현감으로 내려왔다. 풍수지리에 능한 그는 부임하자마자 강진읍의 산세와 지세를 살폈다. 그 결과 거대한 황소가 누워 있는 형국으로 인해 이곳 이속들이 황소처럼 힘이 세고 억세다는 것을 알아냈다. 그리하여 황소의 급소에 해당하는 곳을 찾아 연못을 파버렸으니, 그곳이 지금의 어린이공원과 군립도서관 자리에 있었다는 연지(蓮池)다. 이곳은 황소의 두 콧구멍에 해당하므로 아무리 힘센 황소라 할지라도 코뚜레를 하면 어린 목동에게조차 끌려다니지 않을 수 없는 이치를 생각한 것이다. 그뿐만 아니라 양 뿔 사이의 급소에 해당하는 양무정 뒤쪽 비둘기바위 바로 위를 석자 세치 깎아내리고, 강진읍 건너편 금사봉이 우두봉에 맞서므로 상하 질서가 없다고 하여 또한 석자 치를 깎아 내렸으며, 코뚜레 둘레에 해당하는 서성리 읍성의 한 부분을 잘라 고성사에서 흘러내리는 물을 연지로 끌어들였다. 게다가 황소의 왼쪽 눈에 해당하는 동문안샘을 바깥으로 내몰기 위해 약 200m 가량 안쪽으로 읍성을 다시 쌓았다. 그러자 신기하게도 그때부터 지방 이속들 때문에 현감이 골치 앓는 일이 사라졌다고 하며, 동문안샘이 성 바깥으로 격리된 이후부터 이속들 중 왼쪽 눈을 못 보는 애꾸눈도 나왔다는 이야기다.

이 이외에도 강진의 주요 산들의 명칭이 풍수설에 따른 숫자와 불교적인 색채를 띠는 경우가 많다. 군동면 일대에 있는 천불산(千佛山)은 불교의 상징적인 산이요, 도암면의 만덕산(萬德山)은 천불산을 누르기 위해 만(萬)을 사용했으며, 장흥과 인접해 있는 억불산(億佛山)은 만덕산을 누르려고 억(億)을 붙였다. 그리고 이들 산들을 총괄하는 산이 없자 인위적으로 만들었다는 병영의 조산(兆山)이 있다. 말하자면 강진의 산 전체를 천, 만, 억, 조로 체계화하는 지혜를 보인 것이다.

해양성 기후와 기름진 땅

강진은 한 마디로 따뜻한 고을이다. 기온도 따뜻하고 자연풍광도 따뜻하며 인심마저도 따뜻하다. 나뭇잎이 다 지고 스산한 겨울로 접어드는 12월초에도 강진의 가로수들은 아직 푸른 잎사귀를 달고 있다. 다른 지역에서는 3월 하순이나 4월 초순에 피기 시작한다는 동백꽃도 2월말쯤 백련사 동백숲엘 가면 벌써 빨간 입술을 열고 있다. 폭설이 내리는 한겨울에도 차를 타고 대구에서 마량 간 해변도로를 타고 달리다 보면 여기 저기 황토밭에서 후끈한 열기가 차창으로 스며든다. 까막섬이며 죽도의 난대림들은 사시사철 단풍이 드는 일이 없이 검푸르러서 남국의 정취를 물씬 자아낸다. 그러나 이러한 느낌들은 강진과 영암의 경계인 월출산 풀치를 넘으면서부터 언제 그랬느냐는 듯 매정하게 달라진다. 남지나해로부터 올라오는 난류가 내륙 깊숙이 침투한 강진만을 따라 올라와 내내 강진땅에 머물되 월출산을 넘지 않기 때문이다.

　따라서 강진의 기후는 해양성이다. 좀더 정확히 말하면 해양성 내륙기후에 속한다. 계절은 겨울이 다소 길고 봄과 가을이 짧아서 밤낮의 기온이 상당한 차이를 보이기는 하지만 해양의 난류와 대륙의 찬 기운이 서로 섞이는 양상을 보인다. 하지만 월출산이 북풍의 바람막이를 하고, 서쪽의 산들이 서풍을 막아주며, 또한 동쪽 산들이 에워싸고 있어 해양성 난류의 따뜻한 기온이 겨우내 빠져나가지 않고 머물고 있으므로 겨울은 겨울이되 겨울답지가 않다. 따라서 가장 추운 1월의 평균 기온이 영상 2도이며, 우리나라에서 가장 겨울이 짧은 지역에 속한다. 또한 12월 하순부터 강설기에 접어들지만 다른 지역에 비해 그다지 양이 많지 않고, 오히려 겨울철 강수량이 많아 100mm이상에 달한다. 그리하여 3월 중순이면 개나리, 진달래, 벚꽃들이 피고 또한 이름 없는 들꽃들이 온통 강진의 산야를 물들인다.

　강진의 사계절 중 가장 아름다운 것은 봄이다. 유홍준 교수가 『나의 문화유산 답사기』에서 그토록 찬탄해 마지않았던 것이 강진의 봄이며, "조선의 원색"이라는 강진의 봄빛이다. 필자는 몇 년 전 광주일보에 「청자골 강진의 봄」을 이렇게 소개한 바 있다.

　　청자골 강진의 봄소식은 바다로부터 온다. 미역 내음새 버무려진 해풍은 물오리들처럼 잠방거리며 떠 있는 다도해의 크고 작은 섬들을 차례로 어루만지며 맨 먼저 마량포구에 당도한다. 마량포구의 봄 물결은 깊숙하고 아늑한 요니(女陰)의 강진만을 거슬러 오르면서 이내 우유빛 얼굴이 된다. 그 봄 물결이 다시 목리 남

■ **강진 보리밭** 유홍준 교수가 "조선의 원색"이라고 극찬했던 강진의 푸른 보리밭.

포를 거쳐 장흥읍까지 이어지는 탐진강의 물길을 기어오르면 어느새 기다란 강둑엔 추억처럼 아지랑이가 피어오르고 민들레꽃, 장다리꽃, 삐비꽃 등 온갖 들꽃들이 다투어 벙그는 것이다.

  봄을 맞는 강진의 산하는 긴 겨울잠에서 깨어나 연두빛으로 새롭게 단장을 하기 시작한다. 이맘때쯤이면 사람들은 이른 아침부터 대문을 활짝 열어놓고 들판으로 바다로 일하러 나간다. 보리밭을 다듬는 농부들이며, 출어 준비로 부산한 어부들 그리고 뻘밭에서 바지락을 캐는 아낙네들의 웃음소리로 강진의 봄은 아연 건강하고 활기차다.

  영랑 생가에 모란이 피고 우두봉에 두견이 밤을 세워 울면 너무 아름답고 찬란해서 오히려 슬픈 강진의 봄은 바야흐로 지천에 만개하리라.

■ **강진의 꽃 동백** 해양성 기후에 강우량이 많은 강진 지역의 초목들은 윤기가 자르르 흐른다.

강진은 비가 많이 오는 지역이다. 우리나라에서 가장 강수량이 많은 곳이 남해안인데, 강진의 연평균 강수량은 약 1,400mm나 된다. 또한 일조량이 풍부하여 벼농사의 최고 적합지역이다. 특히 식생 분포나 농작물 재배에 중요한 온량지수(溫量指數)는 110 이상이다. 따라서 난대림이 분포하는 이 지역은 5월이면 기름이 자르르 흐르는 신록이 우거진다.

이러한 강진의 기후와 관련하여 이 고장 출신 영랑·현구와 함께 시문학파로 활동했던 시인 신석정은 "해양성 기후라서 사철 온난하고 비가 유달리 많은 것이 이 고장 강진의 특징이다"라고 강진을 소개한 바 있으며, 시인 서정주 또한 다음과 같이 예찬을 아끼지 않고 있다.

해남·강진은 남해변. 우리나라 토양이 옛부터 생산해 온 꽃에서는 가장 기름기가 많고 풍융한 꽃이 우리 국토 중에서는 제일 많이 피는 곳이고, 그 기름덩어리의 알맹이 과실 호도나무도 자라는 곳이고, 또 해안에 자라는 나무 넌출들도 이는 바람에 충분히 사람의 神바람을 일으킬 정도로 길게 너울거려 춤을 추고 있는 것들이 보이는 데고, 이 새 울음도 기름기가 번지르르한 데고 날아다니는 풍뎅이 같은 것도 새파랗게 반 뼘씩은 되는 게 많이 사는 데고 그렇게 모든 것이 신전(伸展)해 살 만큼 따뜻하고, 비옥하고, 물풍(物豊)한 데다.

영랑의 데뷔작 중에 「동백닢에 빗나는 마음」이라는 시는 동백잎에 영랑 자신의 마음결을 투사한 작품으로 볼 수 있는데, 이 시를 제대로 이해할 수 있기 위해서는 영랑 생가의 뒤뜰에 있는 윤기가 반지르르한 동백나무 그것도 5월의 동백나무를 직접 보아야만 비로소 가능하다. 그러므로 영랑은 강진의 토종 자연이 탄생시킨 시인임에 틀림없다고 말할 수 있으리라.

또한 강진에서 유배생활을 한 다산 선생은 「강진의 환경과 풍속」이란 글에서, "탐진(耽津)은 탐라(耽羅)로 가는 나루이며, 장기로 인한 풍토병이 발생하는 고장으로서 죄인을 귀양 보내는 곳이다. 그대가 어떻게 그곳에서 살아갈 수 있겠는가"라고 북쪽 사람들이 묻자 다음과 같이 대답하고 있다.

아아, 어찌하여 그런 말을 하는가. 강진의 원통함이 한결같이 여기에 이르렀다는 말인가. 내가 5년 동안 강진에 살면서 무더위는 북방보다 약하고 특히 겨울 추위가 그리 극심하지 않은 것을 깨달았다. 가만히 생각건대, 귤(橘)이 회수(淮

水)를 넘으면 탱자가 되듯이, 현재 강진에서는 귤과 유자가 생산되는데, 영암 월출산 북쪽만 가도 곧 변하여 탱자가 된다. 그러므로 이 강진땅은 거의 중국의 회남(淮南)과 더불어 그 남북의 위도가 같다. 일찍이 중국사람 중에 회남 땅을 일러 남방의 장기로 인한 풍토병이 발생하는 곳이라고 하는 자를 보았는가.

참으로 강진의 기후와 풍토를 정확하게 진단한 답변이라 아니할 수 없다. 옛날에 강진땅은 천하의 오지요 유배지로 인식되었던 모양이다. 그러나 돌아보면 유배지 치고 자연풍광이 빼어나지 않는 곳이 어디 있던가. 모르긴 몰라도 그 옛날의 유배지들은 오늘날 모두가 관광지나 문화 답사지로 탈바꿈하였다. 그러나 죄인을 멀리 유배를 보내되 이렇듯 살 만한 곳에서 학문과 예술을 닦게 함으로써 이 땅의 정신문화의 신장에 이바지 하도록 하였으니 이것이 역사의 아이러니가 아니고 무엇인가.

그리고 강진의 토양은 지역적 분포로 보아 크게 4종류로 나뉜다. 탐진강을 중심으로 한 하천 연안과 칠량면 해안에는 양질의 회색토와 충적토가 분포하고, 도암면과 신전면 일대에는 적황색토와 암쇄토가 분포하고 있다. 또한 군동면, 병영면, 칠량면 일부와 옴천면 일대에는 양질의 암쇄토와 산성갈색삼림토가, 그 밖의 서부 구릉과 산악지대와 남동부의 대구면 일대에는 양질의 산성갈색삼림토, 암쇄토, 적황색토가 분포되어 있다. 따라서 대구면과 칠량면 일대에 양질의 점토와 고령토가 무진장 매장되어 있어 고려청자와 옹기 생산의 입지적인 조건과 발달의 한 배경이 되고 있다.

순박하되 정의로운 사람들

흔히들 전라도 사람들은 강진을 일컬어 '부자 고을'이라고 한다. 그도 그럴 것이 예로부터 강진땅에는 지주가 많아 천석꾼이 서른 명이나 되었고, 일제시대에 동경 유학을 한 학생의 수만도 열 명이나 되었으며, 서울에 유학한 학생은 서른 명이 넘었다고 한다. 또「전남통계연보」에 따르면 약 20년 전까지만 해도 강진군은 전라남도의 21개 군 가운데 지방세를 많이 내기로 다섯 손가락 밖으로 벗어난 적이 없었다.

그러나 '지금도 그러한가'라고 묻는다면 강진사람들은 대부분 고개를 흔든다. 전라도의 다른 고을도 마찬가지이겠지만, 이는 농업이 주산업이었던 시절에나 가능했던 이야기일 터이다. 주지하다시피 산업 구조가 바뀌면서 사람들은 조상 대대로 물려받은 농토를 버리고 도시로 훌훌 떠난 지 오래이며, 그나마 남아 있는 사람들이 농사를 짓는다지만 도시에 비해 그 농가 소득이 얼마나 되겠는가. 또 강진이 부자 고을이라 함은 강진땅 전체가 그렇다기보다는 그런대로 넓은 평야가 있는 강진읍이나 군동면· 병영면·작천면에 국한된 말이라고 보아야 한다. 특히 옛 도강현의 중심 치소인 병영면은 이곳에 병마도절제사영이 있던 관계로 주민들이 농사 이외에도 고을 수령과 군사들을 상대로 장사를 벌여 부자가 많았다. 그리하여 한 때 "북 개성, 남 병영 상인"이라는 말이 나돌 정도였다. 이곳 사람들은 병영이 없어진 뒤로도 각지로 뿔뿔이 흩어져 장사에 뛰어난 수완을 보였다. 이처럼 병영 사람들이 도처에서 속칭 '성공'을 하자 심지어는 "병영사람이 어린애를 낳을 때는 뱃속의 아이에게 '아나 동전' 하면 아이

■ **강진 3·1운동기념탑** 강진읍 서성리에 있는 이 탑은 3·1운동 당시 분연히 떨치고 일어섰던 강진사람들의 충절을 기리기 위해 세운 것이다.

가 금방 나온다"든지, 장삿속에 밝고 꾀가 많아 "강해남(康海南) 사람 물속으로 30리 간다"는 말까지 생겨나게 되었던 것이다. 그러나 지금의 병영은 과거의 영성했던 시절과는 달리 쇠락한 일개 면으로 전락했다.

아무튼 이러한 점들을 배경으로 삼아 강진에는 부자가 많되 그 인심과 풍속이 영리하고 각박한 것으로 잘못 알려져 온 것이 아닐까 한다. 이와 관련하여 다산 선생은 「탐진의 환경과 풍속」이라는 글에서 이러한 잘못된 인식을 명쾌하게 지적하며 강진사람들을 변호하고 있는 바, 북쪽 사람들이 "전라도의 풍속이 영리하고 각박한데 강진이 더욱 극심하다. 그대가 어떻게 견디겠는가"라고 묻자 이렇게 대답했다.

아아, 어찌 그리 말을 잘못하는가. 강진사람들은 벼베기가 끝나면 농토가 없는 가난한 사람들이 곧바로 그 이웃 사람의 농토를 경작하기를 마치 자기 농토처럼 하여 보리를 심는다. 내 말이 '잘 하는 일이다. 보리가 익으면 반으로 나누느냐?' 고 하니, 아니라고 한다. '부세를 낼 때 그 반을 부담으로 하느냐?' 고 하니, 그것도 아니라고 한다.(보리가 익으면 경작자가 다 먹는다. 전주와 나누지도 않고 또한 부세를 돕지도 않는다 —原註) '그러면 벼를 심을 때에 노동력으로 보답하느냐?' 고 하니, 그 역시 아니라고 한다. '지력(地力)이 쇠약해지지 않느냐?' 고 하니, 왜 그렇지 않겠느냐고 한다. '보리를 미처 베어내지 못하고 비가 내려 모내기를 해야 할 경우 서로 방해가 없느냐?' 고 하니, 어찌 그렇지 않겠느냐고 한다. 아아, 참으로 인후한 풍속이다. 이들은 무회씨(無懷氏)의 백성인가, 갈천씨(葛天氏)의 백성인가.

이렇듯 강진사람들은 다산 선생의 지적처럼 소의 성품을 닮아 온순하고 선량하며, 힘든 일도 잘 참아 낼 줄 알고, 남의 일에 간섭하거나 간섭을 받으려 하지도 않으면서 묵묵히 자기의 일에 충실한 것을 미덕으로 삼고 있다. 그러나 일제시대 동양척식회사와의 소작 분쟁을 벌여 승리로 이끌었고, 독립만세운동으로 많은 사람들이 구속된 사실에서도 알 수 있듯이 이곳 사람들은 다소 텃세가 깔깔하되 불의를 보면 분연히 일어설 줄 아는 사람들이기도 하다. 그래서인지는 몰라도 80년대 광주민주화운동을 주도하였던 윤한봉과 부산미문화원방화사건의 주인공 김현장이 배출되기도 하였다.

도움 받은 자료와 책

■ 자료

『강진 병영성』, 목포대학교 박물관, 1991.
『강진군 마을 유래지』, 강진군, 1976.
『강진군 마을사-군동면 편』, 강진군, 1998.
『강진군 마을사-대구면 편』, 강진군, 1995.
『강진군 마을사-마량면 편』, 강진군, 1996.
『강진군 마을사-병영면 편』, 강진군, 1991.
『강진군 마을사-성전면 편』, 강진군, 1990.
『강진군 마을사-옴천면 편』, 강진군, 1993.
『강진군 마을사-작천면 편』, 강진군, 1993.
『강진군 마을사-칠량면 편』, 강진군, 1997.
『강진군의 농민운동 연구』, 강진문화원, 1995.
『강진군의 문화유적』, 목포대학교 박물관, 1989.
『강진군지』, 강진군, 1923.
『강진문화』 창간호~20호, 강진문화원, 1999.
『강진문화재 도록』, 강진문화원, 1992.
『강진의 설화』, 강진문화원, 1990.
『강진의 청자』, 강진군, 1997.
『강진향토지』, 향토지편찬위원회, 1978.
『강진현여지승람』, 1895.
『경국대전』, 1388~1484.

『남도미술 100년 작가선집』, 전라남도, 1995.

『동국여지승람』, 1481.

『만덕사지』, 전남대학교 호남문화연구소, 1979.

『명소 지명 유래』, 전라남도, 1986.

『모란촌』 창간호~26호까지.

『병영지』, 1895.

『보호수 일람』, 전라남도, 1972.

『세종실록지리지』, 1454.

『신증동국여지승람』, 1530.

『여지도서』, 1759~1765.

『월출산사지』, 강진문화원, 1998.

『자랑스러운 강진』, 강진군, 1989.

『전남의 명산』, 전라남도, 1998.

『전라남도지』, 전라남도지편찬위원회, 1993.

『전남의 전통사찰 1』, 사찰문화연구원, 1996.

『초의선집』, 동문선, 1993.

『탐진문화』 창간호~9호까지.

『한국의 발견-전라남도 편』, 뿌리깊은나무, 1983.

『한국의 전설』, 중앙신서, 1980.

『한국의 지역축제』, 문화체육부, 1996.

『해암문집』, 강진문헌연구회, 1994.

『호구총수』, 1789.

『호남읍지』, 1985.

『효열행지』, 전라남도, 1985.

《강진신문》 창간호~1999년 12월 31일 자까지.

■ 책

김기빈, 『한국의 지명 유래』, 지식산업사, 1986.
김상홍, 『다산 정약용 문학 연구』, 단국대학교 출판부, 1985.
김상홍, 『다산 정약용 시선집-유배지의 애가』, 단국대학교 출판부, 1981.
김선태, 『김현구 시 전집』, 태학사, 2005.
김영랑, 『영랑시집』, 시문학사, 1935.
김정호, 『전남의 전설』, 전라남도, 1987.
김태정, 『우리가 정말 알아야 할 우리 꽃 백 가지』, 현암사, 1994.
김학동, 『김영랑 전집·평전』, 문학세계사, 1981.
김　현, 『한국현대시문학대계·7』, 지식산업사, 1982.
김현구, 『김현구시집』, 예원, 1992.
-----, 『현구시집』, 문예출판사, 1970.
김　훈, 『풍경과 상처』, 문학동네, 1994.
박석무 외, 『다산문학선집』, 현대실학사, 1996.
-----, 『다산기행』, 한길사, 1988.
-----, 『다산시집 애절양』, 시인사, 1983.
백형모, 『호남의 풍수』, 동학사, 1995.
송수권, 『남도의 맛과 멋』, 창공사, 1995.
송재소, 『다산시선』, 창작과 비평사, 1981.
심우성, 『민속문화와 민중의식』, 동문선, 1985.
유홍준, 『나의 문화유산 답사기 1』, 창작과 비평사, 1993.
이우신, 『우리가 정말 알아야 할 우리 새 백 가지』, 현암사, 1994.
이유미, 『우리가 정말 알아야 할 우리 나무 백 가지』, 현암사, 1995.

이을호, 『정다산의 생애와 사상』, 박영사, 1979.
주전이, 『영랑 김윤식 전기』, 국학자료원, 1997.
최기철, 『우리 민물고기 백 가지』, 현암사, 1994.
최창조, 『한국의 풍수사상』, 민음사, 1984.
허형만, 『영랑 김윤식 연구』, 국학자료원, 1995.

강진문화기행

2006년 3월 30일 초판 1쇄 발행
2008년 2월 28일 초판 3쇄 발행

지은이 | 김선태
펴낸이 | 孫貞順
펴낸곳 | 도서출판 작가
　　　　서울 서대문구 북아현3동 1-1278 (우-120-866)
　　　　전화 | 365-8111~2　팩스 | 365-8110
　　　　이메일 | morebook@korea.com
　　　　홈페이지 | www.morebook.co.kr
　　　　등록번호 | 제13-630호(2000. 2. 9.)

편집 | 김이하 손순희
디자인 | 오경은 김민정
영업 | 남종역 설동근
관리 | 이용승

ⓒ 김선태
ISBN 89-89251-48-6

* 이 책은 강진군의 지원을 받아 발간하였습니다.

* 잘못된 책은 구입하신 서점에서 바꾸어 드립니다.
* 지은이와의 협의 하에 인지를 붙이지 않습니다.

값 10,000원